HANNES NEUMANN

KNOW-HOW

Unter Mitarbeit von

adidas

Slam-Dunk:
Christian Welp – Centerspieler
der Nationalmannschaft

Die Deutsche Bibliothek – CIP-Einheitsaufnahme

Streetball-Know-how
Hannes Neumann. Unter Mitarb. von adidas. –
München; Wien; Zürich: BLV, 1994
ISBN 3-405-14630-5

Bildnachweis

Alle Fotos und Bildserien Archiv adidas,
außer:
Beate Müller, S. 26, 40
Werek S. 42

Umschlagfoto: adidas
Umschlaggestaltung: Zero Grafik & Design

Redaktionelle Mitarbeit: Marcus Hansel

BLV Verlagsgesellschaft mbH
München Wien Zürich
80797 München

Satz und Layout: DTP im Verlag, M. Sinicki

Reproduktion: Typodata GmbH, München

Druck und Bindung: Freiburger Graphische
Betriebe, Freiburg i. B.

Gedruckt auf chlorfrei gebleichtem Papier

Printed in Germany · ISBN 3-405-14630-5

Inhalt

Der Autor:
Prof. Dr. Hannes Neumann

Einleitung

»Wundern Sie sich nicht«, schrieb im Sommer 1993 eine große deutsche Zeitung, »wenn Ihr Sohn am Nachmittag seine Sportsachen packt – und freiwillig noch einmal zur Schule geht. Wahrscheilich«, so die Zeitung weiter, »ist auch Ihr Sohn süchtig. Aber Sie brauchen sich keine Sorgen zu machen.« Die »neue Sucht der Kids« ist nichs anderes

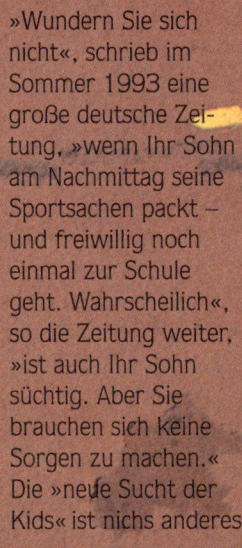

als **Streetball**. Das Basketballspiel der Straße hat in Deutschland seit 1992 einen unvergleichbaren Trimphzug angetreten. Zigtausende spielen es inzwischen – auf Hinterhöfen, auf Spielplätzen oder auf Schulhöfen. Überall, wo gerade ein Korb hängt, wird mit dem orangefarbenen Ball gedribbelt, geworfen, gesprungen und gepaßt. Keine Sekunde vergeht, ohne daß ein Sreetballer an seinen »Moves« übt, um noch kunstvoller die Kugel im Netz zu versenken. Kaum eine andere Sportart hat in den vergangenen Jahren einen so enormen Auftrieb erfahren wie Streetball. Wegbereiter für diesen Boom war auch das US-Dream-Team, das bei den Olympischen Spielen 1992 in Barcelona überlegen die Goldmedaille im Basketball gewann. NBA-Stars wie Earvin »Magic« Johnson, Michael »Air« Jordan oder »Sir« Charles Barkley verzauberten mit ihremgenialen Spiel rund um den Globus Millionen von Zuschauern. Spätestens seit den goldenen

Tagen von Barcelona kennt auch in Deutschland jedes Kind die US-Superstars. Verantwortlich für die rasante Entwicklung ist jedoch nicht zuletzt ebenso die Deutsche Basketball-Nationalmannschaft. Die deutschen Korbjäger sorgten mit ihrem überraschenden Sieg bei den Europameisterschaften 1993 in München für sehr viele positive Schlagzeilen und wurden sogar zur Mannschaft des Jahres gewählt. Spieler wie Hansi Gnad (ALBA Berlin) oder Henning Harnisch (Bayer Leverkusen) zählen mittlerweile zu den bekanntesten deutschen Sportlern. Und EM-Erfolgstrainer Svetislav Pesic (derzeit ALBA Berlin) kann sich bei offziellen Auftritten kaum der riesigen Schar von Autogrammjägern erwehren.

Noch bevor jedoch die US-Boys zu ihrer sensationellen Gold-Show beim olympischen Turnier starteten, nahm bei dem weltweit operierenden Sportartikel hersteller adidas ein Projekt Gestalt an, das unter dem Namen »adidas Streetball Challenge« insbesondere in Deutschland bald darauf für Furore sorgte.

Streetball, das Spiel 3-gegen-3 auf einen Korb, verwandelte urplötzlich Städte in riesige, bunte Spielwiesen. Streetball ist in – begleitet von Hip-Hop- und Rapmusik. Streetball, das ist heutzutage eine Bewegung unbekannten Ausmaßes. Eine sportliche Herausforderung, die zehnjährige Youngster gleichermaßen in ihren Bann zieht wie Frauen und Männer Mitte dreißig. Eine der wichtigsten Botschaften von Streetball lautet: Anders sein als der Rest. Besondere Merkmale des Streetballers: Schlapperlock und eine Sprache, die sehr stark durch Amerikanismen geprägt ist. So heißt der Basketballcourt nicht einfach Spielfeld, sondern im Streetballjargon wird daraus der »Hood«, und die Zone hinter der Distanzwurflinie wird schlicht »Downtown« genannt. Wer sich in diesem Sprachwirrwarr auskennen will, muß für sich die

Sprache neu entdecken und die Streetballbegriffe lernen.
Ab Seite 12 in diesem Buch geben wir dazu eine kleine Hilfestellung.

Bei aller Individualität ist der Teamgeist bei diesem Spiel allerdings nicht wegzudenken. Nicht einer allein gewinnt auf dem Court, sondern es siegt nur die Mannschaft gemeinsam. Einsam wird jener, der diesem ungeschriebenen Gesetz auf dem Freiplatz seine Gefolgschaft versagt.

Unterschiede zum herkömmlichen Basketball liegen auf der Hand: So gibt es keinen Coach, keinen Zwang zum Trainieren oder das Muß, am Wochenende unbedingt zum Punktspiel zu erscheinen. Streetball begeistert seine Anhänger durch die Freiheit, das zu tun, wozu man Lust hat. Wer spielen will, der kommt zum »Hood«, spielt, übt seine »Moves« und geht dann irgendwann wieder.

Die **»adidas Streetball Challenge«** feierte im August 1992 in Deutschland ihre

Premiere. Auf dem Berliner Marx-Engels-Platz tummelten sich zwei Tage lang mehr als 300 Teams. Jan Runau, PR-Manager von adidas Deutschland, über die Begeisterung: »Dieses Streetball-Turnier war die Initialzündung. Der Medienansturm war gewaltig. Alle wollten über den neuen Trend berichten. Letztlich mußten wir die Teilnehmerzahl begrenzen und mehr als einhundert Teams absagen.«

Die »German Tour 1993« übertraf noch einmal alle Erwartungen: Über 20 000 Spieler und rund 400 000 Zuschauer waren bei den sechs großen Metropolitan-Events (u.a. Hamburg, München, Dortmund) und 54 kleineren Turnieren dabei. Berlin war dabei wie ein Jahr zuvor erneut Schauplatz eines großen Streetball-Festivals. Das Finale der Superlative im einzelnen: 770 Teams spielten auf dem Olympischen Platz und der US-Basketballer Dikembe Mutombo von den Denver Nuggets stattete Europas größtem

Basketballtournament ebenso seinen Besuch ab wie Popstar Marky Mark.

Die »adidas Streetball Challenge« kommunizierte jedoch weit mehr als nur den Sport. In einer Zeit, in der die sozialen Probleme in der Bundesrepublik stärker zunehmen, riefen die Initiatoren dazu auf, sich gegen Jugendgewalt, Drogenkonsum, Ausländerfeindlichkeit und nicht zuletzt für Behinderte einzusetzen. Streetball, so ein Sprecher von adidas, sei ideal dafür geeignet. Einer der wichtigsten Grundzüge des Spiels sei das Gebot der Fairneß. Streetball würde zwar im Gegensatz zum herkömmlichen Basketball ohne viele Regeln gespielt, doch unumstößlich gelte, wer foult oder sich auf dem Court daneben benimmt, entschuldigt sich oder kommt gar nicht erst wieder.

Streetball besitzt darüberhinaus eine große soziale Integrationskomponente. Auf dem Streetballcourt ist es egal, welche Hautfarbe der andere besitzt oder welche Sprache er spricht. Streetball bringt Kulturen näher. Ausländische Jugendliche werden auf dem »Hood« nicht gemieden, sondern zumeist voll und ganz akzeptiert. Diese Erfahrung machte auch Stephan Baeck. Der Nationalspieler begann Anfang der achtziger Jahre seine Basketballkarriere auf einem Freiplatz: »Nach der Schule haben wir uns immer zum Basketball getroffen. Da habe ich dann mit Jungs gespielt, die aus dem Iran, aus Italien oder sonstwoher kamen. Das hat mich überhaupt nicht gekümmert. Heute weiß ich, daß Basketball mich in meinen Ansichten über andere Menschen liberalisiert hat.«

In den amerikanischen Slums wurde das Spiel der Straße in den fünfziger Jahren populär. Dort war es damals wie heute schon eine Chance für viele sozialschwache Jugendliche, aus dem tristen Ghetto auszubrechen, sofern man Basketball besser spielt als alle anderen. Einige der ganz großen NBA-Stars sind diesen beschwerlichen Weg in eine rosigere Zukunft gegangen. Sie sind heute die Leitfiguren für die zahllosen, zumeist schwarzen oder hispanoamerikanischen Kids, die ansonsten in einem Milieu aus Armut, Gewalt und Drogen versinken.

Der Sport der Slums wurde in Amerika unter anderem von den Verantwortlichen der nationalen Basketball-Profiliga NBA ins Land hinausgetragen. Sie entdeckten das große Potential. Turnierserien entstanden. In allen größeren Städten werden heute »3 on 3-tournaments« mit zuweilen mehr als 2000 Teams veranstaltet. adidas wurde darauf aufmerksam und gab diesem Sport in Deutschland eine Chance. Es war die Geburtsstunde von Streetball.

In der Bundesrepublik sind inzwischen Städte und Gemeinden auf Streetball aufmerksam geworden. Schon werden Streetball-Projekte zum Beispiel in Berlin und anderswo durch öffentliche Gelder finanziert. Eines der gravierendsten Probleme ist die geringe Anzahl von Freiplätzen und Streetballkörben. Die wenigen mobilen Streetballanlagen, die in Berlin existieren, sind auf lange Sicht ausgebucht.

Sozialpädagogen und Streetworker sehen in Streetball schließlich den Sport der Zukunft. Streetball sei, so Experten, ein Medium, um die aufkommenden Jugendprobleme möglicherweise in kontrollierbarere Bahnen zu lenken. Streetball sei eine Chance für die Kids, spielerisch »Dampf abzulassen«.

Der Streetball-Boom hat bereits dafür gesorgt, daß bekannte Fußball-Trainer öffentlich Alarm schlagen: Das Basketballspiel der Straße, sagen die Fußballkenner, würde den Kickern beim Nachwuchs demnächst den Rang ablaufen. Streetball vermittle heute viel eher als der Fußball ein neues, faszinierendes Lebensgefühl. Das Spiel der Straße, das den Nerv der Jugendlichen treffe, sei nicht mehr wie noch bis vor kurzem der Fußball, sondern Streetball.

Das
Streetball-ABC

Airball Ein Wurf, der weder den Korbring, das Netz oder das Brett (board) berührt.
All net Ein erfolgreicher Wurf, der ganz glatt durchs Netz fällt (auch bic, scoop, string music, swish).
Apple Der Ball. Auch money, pill, rock genannt.

Bang Mit voller Wucht das Backboard treffen.
Bogart Power-Move zum Korb
Boogie Eine trickreiche Finte leitet den Angriff ein, den dann ein sehenswerter Sprung erfolgreich abschließt.
Brick Ein verunglückter Wurf mit einer minimalen Chance, doch noch im Korb zu landen. Ein Wurf, der zu hart, ohne Gefühl ausgeführt wurde.
Bus Stop
Ein Sprungwurf. Auch J.

Can Ein Wurfversuch jenseits der Zwei-Punkte-Zone.
Change of hands Nach einem Angriff, ob dieser nun erfolgreich abgeschlossen wurde oder nicht, wechselt automatisch der Ballbesitz. Das zuvor verteidigende Team greift von der Distanzlinie neu an.

Chippie Ein leichter Korberfolg.
Chump Einer der überhaupt nicht Streetball spielen kann; der Gegensatz zu Champ.

Death Valley Die Foul- oder Distanzwurflinie.
Downtown Alle Würfe hinter der Distanzwurflinie kommen von Downtown.

Eat it Nach einem geblockten Wurf des Gegners trifft ihn dann auch noch das herablassende Wort seines Gegenspielers: Eat it – Iß den Ball!

Faye Dunaway Ein fadeaway-shot.
Fats Domino »He's walkin'.«

Game point Der entscheidende Punkt, der das Spiel entscheidet.
Garbageman's law Die sog. »Müllmann-Regel«. Sie bedeutet: Brett + Spin = versenkt.
Gunner Ein sicherer Korbschütze, der viel trifft.
Gusjohnson Der Moment, wenn nach einem absolut wilden Dunk, der Korb vom Brett

abbricht. Benannt nach dem NBA-Profi
Johnson.

Handle Ein geschickter Spieler, der alles am Ball kann, hat ein gutes »Handling« am Ball.

Hoop 1. Korberfolg.
2. Basketballkorb.
3. Basketballspiel.

H-O-R-S-E Kein Mannschaftsspiel! Bei H-O-R-S-E geht es um die Treffsicherheit. Der Ball muß von verschiedenen Positionen aus auf den Korb geworfen werden. Der Spielpartner versucht, es seinem Vorgänger gleichzutun (Ballwechsel, wenn derjenige verwirft, der anfängt). Wenn er daneben trifft, bekommt er in der Reihenfolge H, O, R, S, E jeweils einen Buchstaben. Wenn dann das E fällt, ist das Spiel vorbei.

In your face »In your face«, sagt derjenige, dem ein besonders guter Korb oder eine hervorragende Abwehr gelungen ist, um seinen Gegner ein bißchen zu ärgern.

The J The jump shot. Ein Sprungwurf – wird auch bus stop genannt.

Juke Eine überraschende Bewegung eines Spielers. Sinn und Zweck dieser Übung: Er ist der Lockvogel und lenkt die gegnerische Aufmerksamkeit vom Angriff seines Teams auf sich.

Kicks Sneakers – Turnschuhe.

Look Ein Paß, der direkt zum Korberfolg führt. Auch find genannt.

Losers Nach einem Korberfolg des gegnerischen Teams kommt die andere Mannschaft, die »Losers«, wieder in Ballbesitz. »Losers out« sagt man auch, wenn nach Spielende eine andere Mannschaft mitspielen will. Die »winners« bleiben auf dem Feld und die »losers« setzen einen Durchgang aus.

Mombo Eine Serie von Kopf-, Schulter- oder Wurftäuschungen (Fakes!). Let's dance the mombo!

My bad Dieses ist der Ausdruck größter Enttäuschung und Zerknirschung nach einem ganz schlechten Paß.

Nag Ein Coach.

Out front Es ist die Spielfläche hinter der Distanzwurflinie, dort, wo der Ball nach dem Defensiv-Offensiv-Wechsel zwischen Angreifer und Verteidiger neu »gecheckt« wird.

Point game Genau die Situation, in der ein Korberfolg alles entscheidet.

Prayer Ein Verzweiflungswurf, der überraschend doch trifft! Eigentlich nur möglich durch eine »göttliche Fügung«.

PT Spielzeit, von »playing time«.

Punk dunk Ganz besonderer Dunk, der den Gegenspieler demütigt.

Rack Der Basketballkorb.
Rain Mehrere erfolgreiche Shots von außen hintereinander.
Rep Ruf, Ansehen, Image.
Rip Ein erfolgreicher Korbwurf.
Run a clinic Situation, wenn man überlegen gewinnt.
Run'n gun Fast-break-Ball und Quick-Shots.

Shake Eine Situation, in der der Angreifer sei-

nem Gegner geschickt durch eine Täuschung (»juke«) entgeht und an ihm vorbeizieht.
Skywalker »Straßenflieger« mit enormer Sprungkraft.
Slab Der Court, gewöhnlich ein Asphaltplatz.
Studfish Ein Crack. Gegenteil von »chump«.
Stuntman Jemand, der bei einem Foul theatralisch und übertrieben fällt.
Swish Erfolgreicher Wurf, bei dem der Ball weder Board noch Ring berührt. Auch string music genannt.

Tailor Ein Spieler, der erfolgreich beim Rebo-

und ist.
Three Sixty Slam Dunk mit einer 360-Grad-Drehung um die eigene Achse während der Sprungphase. Wird Auch »whirkybird« genannt.
Toilet seater Ein Ball, der

mehrmals auf dem Ring »hin- und hertanzt«, bis er endlich in den Korb fällt oder herausspringt.
Tree Ein »langer Lulatsch«, Riese.
Trim Werfen.

Underneath Der Bereich des Spielfelds unterhalb des Korbes. Auch »down low« genannt.

Victory lap Ein Ball, der auf dem Ring noch mehrere »Ehrenrunden« dreht, ehe er durch die Reuse fällt oder abspringt. Siehe Toilet seater.

Western Union Situation, in der die Abwehr frühzeitig bei einem Spielpaß weiß, wo der Ball hin soll und ihn leicht abfangen oder blocken kann. Der Spieler, der den Paß gibt, hat »telegraphiert«, wohin er den Paß spielen will.
Wheel Ein verletzter »Wheel« (Knöchel) behindert die »Kunst« des Skywalkers.
White man's disease Die Krankheit des »weißen Mannes«: Er ist chronisch unfähig zu springen.

You! Eine Aufmunterung eines Spielers an seinen Teamkameraden, einen Shot oder einen Move zu versuchen.

Zebra Schiedsrichter. Aber auch Spieler, die sich als Schiris aufspielen wollen und dann Streetball mit Basketball verwechseln.
Zip Eine Niederlage zu Null. Auch Zilch genannt.
Zoom Verteidigen mit »Mann und Maus«.

Streetball-Entwicklung in Deutschland

»Basketball is the city game. (...) It's the game for young athletes without cars or allowances – the game whose drama and action are intensified by its con-fines spaces and chaotic surroundings.
(Pete Axthelm aus The City Game).

Die Wurzeln von Streetball liegen in den Hinterhöfen Amerikas. Das ist spätestens seit dem Basketball-Kultfilm »White men can't jump – Weiße Jungs bringen's nicht« bekannt. Das 3-gegen-3 auf einen Korb ohne viele Regeln ist insbesondere in Metropolen wie New York, Los Angeles oder Chicago populär.

In Deutschland wird die Fangemeinde mit jedem Tag größer. Streetball hat sich innerhalb kürzester Zeit etabliert. Und genau das ist ein Hauptunterscheidungsmerkmal zwischen den deutschen Streetball-Fans und den amerikanischen Kids. Städte, Schulbehörden, Lehrer, Verbände und Vereine planen mittlerweile mit und für Streetball.

Auf den Schul- und Hinterhöfen wächst eine neue Generation von sportbegeisterten Kindern heran, die ungezwungen jede freie Minute an den Körben trainiert. Hauptsache, es ist ein Ball da, den man auf einen Korb werfen kann. Die Begeisterung in Deutschland hat vor allem wohlbehütete Jugendliche erfaßt. Für sie steht beim Streetball – ganz im Gegensatz zu den US-Teenies – in erster Linie Spaß und Zeitvertreib im Vordergrund. Straßenbasketball in den USA stellt für viele mehr dar – für manche ist es der rettende Strohhalm vor dem sozialen Elend.

Die deutschen Streetballer zeigen sich davon unbeeindruckt. Sie interessiert es mehr, wie sie artistischer denn je einen Power-Move zum Korb schaffen oder einen Distanzwurf versenken. Anschauungsunterricht gibt es reichlich. Entweder bei der Konkurrenz auf den Freiplätzen oder im Fernsehen. Deutsche Privatsender übertragen seit rund zwei Jahren Basketballspiele aus der amerikanischen NBA-Profiliga. Live und in Farbe sehen die Streetball-süchtigen Jugendlichen auf diese Weise wie Charles Barkley von den Phoenix Suns oder Diklembe Mutombo (Denver Nuggets) im Vergleich zum Rest der Welt ihren Sport regelrecht mit einer Mischung aus Instinkt, Artistik, Sprunggewalt, Ballgefühl und Genialität regelrecht zelebrieren. Atemberaubende Dunkings sind dabei ebenso an der Tagesordnung wie unglaubliche Distanz-Shots oder spektakuläre Pässe auf die Mitspieler. Die NBA ist mit ihrer Mischung aus Spektakel, Dramatik und Show zum Wegbereiter für das Basketballfieber in Deutschland geworden. Europatourneen von Earvin »Magic« Johnson oder Charley Barkley sind restlos ausverkauft.

Folge dieses Aufschwungs: Auch die kleinsten Teenies greifen sich einen Basketball und üben und üben und üben. Jeder will so sein wie sein Vorbild. Jeder, daß er von seinen Freunden mit einem Spitznamen wie »Magic« geadelt wird.

Hinter der Lederkugel jagen natürlich vor allem Jugendliche her. Sie erleben den gegenwärtigen Boom am intensivsten. Zwar spielen auf Freiplätzen und bei Turnieren stets ältere Basketballenthusiasten mit; allerdings sind es zumeist aktuelle oder frühere Vereinsspieler, die mal eben von der Halle kurz ins Freie wechseln. Streetballer mit Leib und Seele haben dagegen mit Vereins-Basketball wenig im Sinn. Streetball wurde 1992 vom Sportartikelhersteller adidas nach Deutschland geholt. Der Bedarf an einer neuen Sportart war vorhanden. Nach Tennis, Windsurfen, Jogging, Skateboarding und Mountain-Biking suchten vor allem viele Jugendliche zwischen 12 und 17 Jahren nach einer sportlichen Herausforderung. Vereinssport ist nach wie vor für den Nachwuchs unatraktiv. Individualität und Spaß in seiner-Freizeit ohne immer wiederkehrende Verpflichtungen lauten die meistgenanntesten Antworten auf die Frage, wie sich heute Heranwachsende ihren Sport auswählen.

Das Ziel ist es, etwas zu tun, wann und wo man es will. Der Spieltrieb, den alle Menschen in unterschiedlichster Ausprägung verspüren, ist ein Grund mehr dafür, daß Streetball in Deutschland auf einen sehr fruchtbaren Boden fiel. Hinzu kommt die enge Bindung dieses Sports an ein besonderes amerikanisches Lebensgefühl, das, verstärkt durch die Medien, Sehnsüchte nach einer neuen Welt ausgelöst hat. Amerikanische Werbespots im Fernsehen sind da nur ein Beispiel. Gepaart mit schwarzer, cooler HipHop- und Rapmusik und einer Sprache, die sich immer mehr auf amerikanische Vokabeln stützt, entwickelte sich Streetball zu einem Trend, der in Deutschland eine Euphorie ausgelöst hat.

Das erste Streetball-Turnier auf deutschem Boden hatte deshalb gleich riesigen Erfolg: Am 22. und 23. August 1992 spielten bei der Premiere der »adidas Streetball Challenge« in Berlin über 300 Teams aus der ganzen Republik mit. Fantasie war gefragt, noch ehe der erste Ball überhaupt gespielt war. Jedes Team brauchte seinen eigenen Namen: Schließlich waren auf dem Marx-Engels-Platz unter anderem die »Fishtown Nordlichter«, die »Horrible Outlaws« und die »Final Four« dabei.

Die Spielregeln auf den Streetball-Turnieren sind einfach: Gespielt wird im K.o.-System – allerdings mit Trostrunden. Einen Schiedsrichter gibt es nicht. Spielbeobachter dienen als allerletzte Instanz, doch die Spieler einigen sich zumeist untereinander. Streitfragen werden – wie auf den Freiplätzen üblich – rasch geklärt. »Wenn es mal Ärger gibt, dann regeln wir das friedlich. Wir wollen Basketballspielen. Keiner von uns mag Gewalt!«, unterstützt Chris, 17, die These vom gewaltfreien Sport. Der Dortmunder hat für jene wenig Verständnis, die unbedingt alles von den Amerikanern nachahmen müssen. Nur um anschließend vor den Freunden zu prahlen, wie großartig sie sind. »Wir finden auch die schwarze Musik ja Klasse. Auch wie die Amerikaner spielen. Aber Drogen und Gewalt – kein Bedarf«, schüttelt Chris den Kopf, »es gibt auch bei uns immer einige, die den großen Mann markieren. Die lassen wir links liegen.«

Der Trend scheint unumkehrbar. Immer mehr Jugendliche nehmen den Basketball in ihrer Freizeit zur Hand. Die Hersteller von Basketbällen melden Rekordumsätze. Nachmittags ist ein Spiel 3-gegen-3 (zumeist mit den Schulkameraden) fest verabredet. Es wird auch ansonsten häufig allein trainiert. Werfen, dribbeln, springen oder passen – alles muß verbessert werden. »Hoops« (Korberfolg), »Swish« (Erfolgreicher Wurf, bei dem der Ball weder Ring, noch Board berührt) oder ein »Three Sixty« (Slam Dunk mit vorheriger 360-Grad-Drehung) liegen auf dem langen, beschwerlichen Weg zum Streetball-Champ.

Der Deutsche Basketball-Bund sieht eine Chance, Nutzen aus der jungen Streetball-Bewegung für den Basketballsport zu ziehen. DBB-Präsident Manfred Ströher schwärmt: »Basketball kann eine der führenden Sportarten werden. Wir müssen jetzt die Begeisterung nutzen, um behutsam Talente zu sichten, die das deutsche Basketball in einigen Jahren fest in der Weltspitze etablieren.«

Der größte Wunsch des Verbandes ist eine umfassende Mitgliederwerbung. Schier unüberwindbar steht dem jedoch die Tatsache entgegen, daß viele Vereine keine Mitglieder mehr aufnehmen können. Die Kapazitäten sind erschöpft. Einher mit diesem Engpaß geht das Ringen um Hallenzeiten. Immer mehr Sportarten bemühen sich um immer weniger Sporthallen. Dieses Dilemma stellt den DBB vor eine schwierige Aufgabe.

Zumal die »adidas Streetball Challenge« bewiesen hat, daß es viele Neueinsteiger in dieser Sportart gibt.

Etwa fünfzig Prozent der Streetballer auf diesen Events waren nicht in einem Verein organisiert. Ein Riesenpotential, das überdies zu großen Hoffnungen Anlaß gibt, Talentschmiede des deutschen Basketballs zu werden. Bestes Beispiel dafür ist Stephan Baeck. Der Kölner wurde als 17-jähriger beim Basketballspielen auf der Straße für die Bundesliga entdeckt. Der »Kölsche Skywalker« reifte zu einem der treffsichersten deutschen Topscorer heran. 1993 krönte er seine Karriere als Nationalspieler mit dem Gewinn der Europamei-sterschaft. Stephan Baeck über die Lust, Streetball zu spielen: »Viel unkomplizierter kannst Du beim Sport nicht mehr Spaß und Spannung in einem haben. Jeder sollte Streetball mal ausprobieren.« Streetball steht in Deutschland (noch) vor einem weiteren Problem:

Zwischen Flensburg und Garmisch-Patenkirchen sind Freiplätze rar. Oftmals sind zwar Anlagen auf Schulhöfen aufgebaut, doch noch bis vor kurzem war es gang und gäbe, daß viele Schulen ihr Gelände aus Angst vor Randalierern abschlossen und Hausmeister aus dem gleichen Grund die Kids verjagten. Streetball hat mitgeholfen, diese Entwicklung zu stoppen.

Überall in der Republik haben Schulbehörden die Weisung ausgegeben, Jugendlichen das Basketballspielen am Nachmittag zu erlauben. Ein weiterer Schritt, damit sich aus dem Trend eine dauerhafte Größe entwickelt. Zumal Streetballer ihren Korb hüten wie ihren eigenen Augapfel. »Es gibt ohnehin so wenige Körbe«, klagt auch Jan, 16, aus München und beweist gleichzeitig Verantwortung, »wenn wir einen erwischen würden, der unsere Anlage kaputt macht, würden wir den sofort anzeigen.« Die Lust, auf der Straße Basketball zu spielen, treibt in Deutschland manchesmal die seltsamsten Blüten. So »eroberten« eingefleischte Streetballer in Süddeutschland den Freiplatz eines katholischen Mädchenpensionats. Nach anfänglichen Bedenken der Internatsleitung wurde das Spiel in den Nachmittagsstunden von oben abgesegnet. Im hohen Norden wurde sogar der Dachgarten eines Hochhauses zum Streetballcourt zweckentfremdet.

Ansonsten wird vor allem auf Sportplätzen gespielt. Besonderer Vorteil dieser Anlagen im Gegensatz zu Hinterhöfen: Nachbarn werden kaum einmal durch den Lärm gestört. Streetball ist derzeit die boomende Sportart Nummer eins in Deutschland. 1993 waren über 20 000 Spieler bei der »adidas Streetball Challenge Tour« dabei, mehrere andere Straßenbasketballserien hatten ebenfalls einen großen Zuspruch. Ein Ende dieser Entwicklung ist bislang nicht in Sicht. Jan Runau von adidas Deutschland: »Die Streetball-Begeisterung in Deutschland ist längst noch nicht an ihre Grenze gestoßen. Streetball ist für uns der Sport der Zukunft: Spontan, lustbetont, grenzenlos, frei von festen Trainingszeiten und allen starren Konventionen. Streetball ist der Ausdruck einer lebendigen Generation.«

Streetball – das neue Lebensgefühl

Viele Jugendliche haben heutzutage keine Perspektive mehr. Jugendliche sind vom Leben angeödet. Jugendliche haben keine Lust, Sport zu treiben. Jugendliche hocken nur noch vor der Glotze. Die Liste der Vorurteile, mit denen die heranwachsende Generation konfrontiert wird, ist lang und beliebig fortzusetzen.

Der Erfolg von Streetball erklärt sich unter anderem auch dadurch, daß das Spiel 3-gegen-3 auf der Straße eine neue Herausforderung für die Jugendlichen darstellt. Streetball gefällt, weil es keinen Zwang zum Spielenmüssen gibt. Die Anforderungen sind außerdem noch nicht allzu groß. Die junge Sportart kennt in Deutschland viele Neueinsteiger, die erst einmal das Spiel der Straße ausprobieren. Könner wer den aufgrund ihrer Ballkünste bewundert und nachgeahmt.

Ein Vorteil von Streetball: Es steht für ein körperloses Spiel, das zum Fairplay auffordert. Reibereien werden kurzerhand unter einander geregelt. Die Initiatoren der »adidas Streetball Challenge« haben außerdem zur Gewaltlosigkeit aufgerufen. Mit Streetball verbindet sich zudem ein entschiedenes Nein zum Drogenkonsum und zum Ausländerhaß. Deutlichstes Signal auf den Turnieren sind Multi-Nationen-teams, die sich aus vier Nationalitäten zusammensetzen.

Nicht zuletzt setzt sich Streetball für den Behindertensport ein. »Jugendliche sollen ihre Berührungsängste verlieren, wenn sie auf unseren Events Rollstuhlfahrer in Aktion erleben«, untermauert ein adidas-Sprecher die Bedeutung von Streetball für die nach wie vor notwendige Integration, »beim Streetball verbindet das Basketballspielen Fußgänger und Rollstuhlfahrer. Eine Behinderung darf nicht zur Ausgrenzung führen. Jedermann muß begreifen, daß diese Menschen genauso normal sind wie Du und ich! Streetball überwindet in diesem Bereich hoffentlich Hemmschwellen.«

Der größte deutsche Sportartikelhersteller hat beim Streetball die grundlegende Pionierarbeit geleistet. »Spielen«, sagt Jan Runau von adidas, »müssen alle allein. Wir haben nur den Weg bereitet, Turniere initiiert und Equipment bereitgestellt.« Die Folgen sind unabsehbar. Viele Jugendliche reagieren begeistert auf den neuen Sport, Sportlehrer ändern ihre Unterrichtspläne, ersetzen andere Ballsportarten durch Streetball. Streetworker von den sozialschwachen Jugendlichen sehen in Streetball ein Ventil für ihre Schützlinge, um Frust und Aggressionen abzubauen.

Der Hamburger Sozialpädagoge Michael Gebauer unterstützt Projekte, insbesondere Basketballkörbe zu allererst in grauen Trabantenstädten zu installieren: »Wir müssen Anreize schaffen. Diese trostlosen Häuserschluchten sind für Jugendliche unendlich deprimierend. Viele Programme von uns sind in den letzten Jahren jedoch einfach ins Leere gegangen. Die waren auch angesichts des schmalen Geldbeutels einfach viel zu unattraktiv. Bei Streetball kann das anders werden. Die Kids sehen Basketball im Fernsehen, sind begeistert, sehen andere spielen und wollen das auch. Alles, was wir dann noch brauchen, ist ein Basketballbrett, einen Korb und einen Ball.«

Streetball wird für Jugendliche auch deshalb so interessant, weil der Sport von einer Musik begleitet wird, die zuvor bereits die Herzen der Kids erobert hat. Angesagt sind »game beats of the city jungle«, unter anderem von den zwei Faces (»Streetball«-Song), Kris Kross (»Jump«) oder den 4 Reeves (»Jumpin«) gespielt. Während sich die Basketball-Oldies jenseits der Dreißig genervt abwenden, fängt der Spaß bei den Kids erst richtig an, wenn auf Freiplätzen gewaltige Rap- und HipHop-Rhythmen aus Ghettoblastern dröhnen. Der typische Sprechgesang der afroame-

rikanischen Musik beeinflußt vielfach schon die Sprache der Streetballer. Deutsch, mit amerikanischen Slangbegriffen versetzt, ist längst kein unverständliches Kauderwelsch einer Minderheit mehr, sondern diese neuerfundene Kunstsprache wird immer häufiger von einer wachsenden Zahl Jugendlicher übernommen. Peter (15) aus Dortmund: »Klar höre ich Rap-Musik. Die Texte versteh' ich zwar nicht so ganz, aber nach und nach kapiere ich immer mehr Worte. Irgendwie plappere ich sie dann nach.«

Für Sprachwissenschaftler kein unbekanntes Phänomen. Umfragen belegen, daß sich insbesondere Schüler sehr stark durch die beschriebenen Einflüsse von außen leiten lassen. Fernsehsender wie MTV und zahlreiche Jugendmagazine übernehmen dabei eine Vorreiterrolle. Die Medien setzen Trends, geben Tips, was in und was megaout ist. Jugendliche orientieren sich an

den vermeintlichen Experten. Schließlich kleiden sie sich wie ihre Idole, bewegen sich wie sie und versuchen so zu sprechen wie sie. »Gerapte« Sätze sind heute keine Seltenheit mehr.

Daß sich deutsche Streetballer mit den US-Kids identifizieren, wird eben aus diesem Grund um so nachvollziehbarer. Die Frankfurterin Corinna (14): »Ich schau' viel MTV. In den Musikvideos tauchen 'ne Menge Leute auf, die ich echt cool finde. Aber wie die leben? In so Slums. Tauschen möchte ich mit denen nicht!« Das Phänomen ist nicht neu: Anders sein, lautet zwar die Devise, Amerika in vielen Dingen des Lebens nachahmen, aber, sagen viele deutsche Jugendliche, bitteschön nur, wenn ich mir auch weiterhin alles leisten kann!

Trendgerecht zur Musik und zur Sprache ist die Kleidung. Der Schlapperlook der Kinder und Jugendlichen prägt überall das Straßenbild. Die Sportartikelindustrie hat prompt reagiert und bietet inzwischen

ganze Streetballkollektionen an. Das Erkennungszeichen der adidas-Kollektion ist der Stickman. Das »dünne Strichmännchen« mit dem Basketball unter dem Arm strahlt seit gut zwei Jahren von T-Shirts, Jacken und Shorts bis hinunter zu Socken und Schuhen. Der Stickman ist mittlerweile Symbol einer ganzen Generation.

Die adidas-Produktpalette reicht von Lo-Cut und Mid-Cut-Streetballschuhen über gesteppte Rap-Jacken, Baseball-Shirts, Tank Tops, Tail Tees, Pants bis hin zu Rain Jackets. Accessoires sind Caps, Schweißbänder, Taschen, T-Raps und Tie Tops. Zusätzlich zu der Streetball-Kollektion bietet adidas eine weitere Produktlinie an. Namensgeber ist der afrikanische NBA-Basketballstar Dikembe Mutombo (Denver Nuggets). Sein Stammeszeichen ist das Logo der Streetball-Mode. Kostenpunkt für jene, die sich komplett einkleiden wollen: Rund 600 Mark.

Streetball – die »Urform« des Basketball

Stellen wir uns folgende Situation vor: Du verfolgst begeistert die Basketballspiele aus der NBA oder der Europa-Liga im Fernsehen. Du hast ein paar Freunde, die schon Streetball spielen. So beschließt Du dann, mitzumachen, hast aber immer die Basketballspiele im Hinterkopf, die Du im Fernsehen gesehen hast. Ganz heimlich denkst Du daran, später auch in einer Mannschaft zu spielen. Du fragst Dich nun, ob Du beim Basketball auf der Straße auch etwas für das Basketballspiel in der Halle lernen kannst. Eignet sich Streetball auch als Einstieg für Basketball in der Halle?

Muß man sich – wenn man die Absicht hat, später vielleicht einmal an Wettspielen eines Vereines teilzunehmen – sofort einem Basketballverein anschließen?- Natürlich nicht. Hat man durch Streetball Spaß am Basketball bekommen, kann man immer noch entscheiden, in welcher Weise man das Spiel weiter betreiben will. Beteiligung am Streetball ist keinesfalls ein Hindernis für das Basketball in der Halle. Streetball und Basketball in der Halle haben nämlich sehr vieles gemeinsam. Ein geübter Basketballspieler kann sofort Streetball spielen, aber auch umgekehrt wird es nach einer kleinen Eingewöhnung klappen. Man muß sich zwar an das größere Spielfeld in der Halle gewöhnen, auch an das strengere Regelwerk und die größere Spielerzahl (5–5). So schwer ist dies aber nicht. Beobachtet man nämlich das Basketballspiel in der Halle, so fällt auf, daß dort Spielelemente in der Technik und Taktik auftauchen, die sich auch im Streetball wiederfinden und

umgekehrt. Einige Beispiele:
Beim Basketball in der Halle haben sich die Wurfleistungen in den letzten Jahren so gesteigert, daß mittlerweile weit häufiger eine Mann-Mann-Verteidigung gespielt wird, als eine Raumdeckung (Zonen-Verteidigung). Auch im Streetball wird fast immer Mann-Mann verteidigt. Die Raumdeckung fällt hier wegen der kleineren Spielerzahl praktisch weg.
Analysiert man beim Basketball in der Halle die erfolgreichen Angriffe gegen die Mann-Mann-Verteidigung, stellt man fest. daß sich das Spiel auf Situationen »1-gegen-1«, »2-gegen-2« und »3-gegen-3« reduzieren läßt. Dies liegt daran, daß die Koordination der einzelnen Angriffshandlungen immer schwieriger wird, je mehr Spieler an einer Aktion beteiligt sind. Man darf ja nicht vergessen, daß auch Verteidiger bestrebt sind, das reibungslose Zusammenspiel der Angreifer zu stören. Daher versucht man, Spielzüge

oder Aufstellungsformen zu verwenden, in denen höchstens drei Angreifer direkt beteiligt sind. Die beiden restlichen Angreifer haben dann die Aufgabe, ihre Gegenspieler so zu binden, daß sie nicht entscheidend ins Spielgeschehen eingreifen können. Außerdem ist man dabei bemüht, Situationen zu schaffen, in denen es möglichst zum Spiel »1-gegen-1« kommt, weil dies am erfolgversprechendsten ist.
Was man beim Basketball in der Halle mit taktischen Mitteln oft erst mühsam herstellen muß, ist beim Streetball von vornherein gegeben, weil die Spielerzahl (meist 3-gegen-3) geringer ist. Man kann also beim Basketball auf der Straße die meisten »Moves« lernen und üben, die man auch im Spiel in der Halle verwendet. Hierzu zählen die Angriffstechnik (Fangen, Passen, Dribbeln und Werfen), das Ausspielen eines Verteidigers, der Rebound und die Verteidigung gegen einen direkten Gegenspieler.

Bei höherem Können im Streetball kommen durchaus die technischen und taktischen Elemente hinzu, wie sie auch im Wettspiel in der Halle benötigt werden. Im Angriff sind dies beispielsweise Wurfvariationen, Ausspielen eines Verteidigers mit Partnerhilfe (Blocks, Blocks mit Abrollen und Wurfschirm); in der Verteidigung das richtige Abwehrverhalten, wenn der Gegner mit Partnerhilfe spielt bzw. verschiedene Technikvariationen anwenden kann.
Die Gemeinsamkeiten zwischen Streetball und Basketball in der Halle zeigen sich auch im Training von Basketballmannschaften. Dort sieht man eine Fülle von Übungsformen, in denen die gleichen technischen und taktischen Grundlagen geübt und verbessert werden sollen, wie sie ebenso im Streetball vorkommen. Dies bedeutet, daß im Streetball wichtige Voraussetzungen für das individuelle Können der Spieler geschaffen werden (vor allem im Spiel 1-gegen-1, das

im Training von Basketballmannschaften oft zu kurz kommt), die dann das Spiel in der Halle nach internationalen Regeln spielen wollen. Hinzu kommt, daß man im Streetball in spielerischer Form »Moves« entdecken und ausprobieren kann, ohne gleich den strengen Blick eines Trainers fürchten zu müssen, wenn es nicht sofort klappt. Es lohnt sich also allemal, Streetball zu spielen.
Die letzte Feststellung wird auch durch die Meinung von **Stephan Baeck** bestätigt. In einem Interview hat sich Stephan Baeck zu seinen Erfahrungen mit dem Streetball geäußert.
Zum Hintergrund: In der Münchner Olympiahalle ist am 4. Juli 1993 ein neues Kapitel der deutschen Basketballgeschichte geschrieben worden. Deutschland wurde zum erstenmal Europameister. Mittendrin im anschließenden Siegestaumel war Stephan Baeck. Der Aufbauspieler und Shooting-Guard von ALBA Berlin war einer der Leistungsträger

des Teams. Die Basketballkarriere von Stephan Baeck begann Anfang der achtziger Jahre auf der Straße. Der Nationalspieler wurde in seiner Heimatstadt Köln auf einem Freiplatz entdeckt. Er spielte fortan für die B-Jugend von Bayer Leverkusen. Mit Leverkusen und Saturn Köln errang er zwischen 1985 und 1992 insgesamt fünf Deutsche Meisterschaften.

Frage: *War Basketball von Anfang an der einzige Sport für Dich?*

Stephan Baeck:
Nein, keineswegs. Ich habe auch Fußball und Volleyball gespielt. Wir waren nur nach der Schule häufiger mal auf einem Basketballfreiplatz. Das hat später erst alles einen viel ernsteren Charakter bekommen.

Frage: *Basketball hat in Deutschland jahrzehntelang in den Kinderschuhen gesteckt. Seit geraumer Zeit erlebt dieser Sport einen riesigen Boom. Hast Du dafür eine Erklärung?*

Stephan Baeck:
Unser EM-Sieg hat sicherlich einiges dazu beigetragen. Außerdem das US-Dream Team und die NBA. Nicht zuletzt hat auch Streetball in Deutschland viel bewegt.

Stephan Baeck – dunkt nach dem Gewinn der Europameisterschaft ausgelassen seinen Schuh in den Korb.

Frage: *Du bist auf der Straße für den Basketballsport entdeckt worden. Bist Du eine Ausnahme oder kann sich das angesichts des* immer größer werdenden Interesses an Streetball wiederholen?

Stephan Baeck: Als ich mit dem Basketball anfing, spielten das eigentlich nur wenige. Heute ist das alles ganz anders. Ich glaube schon, daß sich Basketball fest in Deutschland etablieren wird. In den USA ist Basketball mittlerweile Bestandteil der Kultur. Das würde ich mir auch für uns wünschen. Viele Jugendliche, die so sehr an Basketball gewöhnt sind, daß es für sie das Normalste von der Welt ist, nach der Schule auf einen Freiplatz zu gehen und zu spielen. Dann würden wir sicherlich noch wesentlich mehr Talente haben.

Frage: *Du hast selbst auf der Straße Basketball gespielt. Was hat Dir daran am meisten gefallen?*

Stephan Baeck: Wir haben mit vielen ausländischen Jugendlichen gespielt. Die kamen aus der ganzen Welt. Ich habe damals gelernt: Wichtig ist nicht die Hautfarbe oder das Aussehen. Wichtig ist allein der Spaß beim Spielen, das Miteinander. Außerdem lernst Du auf einem Freiplatz, wie Du Dich bei Problemen durchsetzen mußt. Allerdings mit fairen Mitteln. Basketball hat mich in vielerlei Hinsicht zur Offenheit und Liberalität erzogen.

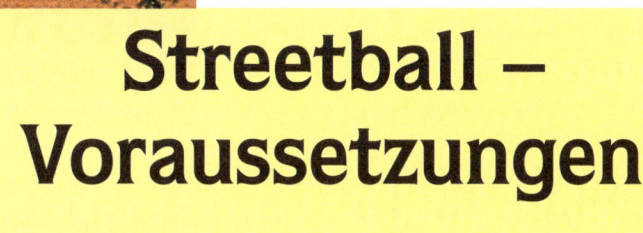

Streetball –
Voraussetzungen

Streetball wird im Freien auf einen Korb gespielt. Als Spielfeld dient im allgemeinen das halbe Basketball-feld. Dies hat dann die Ausmaße von 12 bis 13 Meter Länge und 6-7 Meter Breite. Der Korb hängt so, daß der Korbring 3,05 Meter über dem Boden ist. Es gibt auch in der Höhe verstellbare Korbanlagen. Hat man eine solche zur Verfügung, kann man den Korb auch etwas tiefer hängen, damit jüngere Spielerinnen und Spieler leichter Körbe erzielen können. Am Korb soll ein nach unten offenes Netz befestigt sein, damit der Ball etwas verzögert wird, wenn er durch den Korb geht. Dadurch sieht man besser, ob der Ball drin war oder nicht. Mittlerweile trifft man häufig auf wetterfeste Metallnetze.

Ist auf dem Spielfeld eine Dreipunktelinie für das wettkampfge-rechte Basketballspiel eingezeichnet, wird diese Linie auch beim Streetball genutzt. Jetzt aber als Distanz-Linie, deren Bedeutung bei den Regeln erläutert wird.

Das Regelwerk beim Basketball in der Halle ist recht kompliziert. Dies ist beim Streetball überhaupt nicht erforderlich. Damit man aber mit viel Spaß für alle und auch überall spielen kann, gibt es ein paar Regeln, die allgemein-gültig sein sollten. Selbstverständlich kann man einige dieser Regeln nach Bedarf abändern, doch zumindest die Foulregel muß unbedingt eingehalten werden.

Im folgenden einige Regeln und Begründungen, warum sie bestehen:

1 Gespielt wird »3-gegen-3«. Man kann auch »2-gegen-2« oder gar »1-gegen-1« spielen. Aber 3–3 macht am meisten Spaß.

2 Vor einem Korberfolg sollten mindestens zwei Spieler der angreifenden Mannschaft in Ballbesitz gewesen sein. Dies soll ein zu eigensinniges Spiel einzelner Akteure verhindern.

3 Nach jedem Korberfolg wechselt der Ballbesitz. Also kein »make it-take it«. Damit erreicht man, daß jede Mannschaft immer wieder die Chance zum Angriff hat, auch wenn es beim Gegner einen überragenden Werfer gibt.
Bevor weitergespielt werden kann, soll der Ball von einem Gegenspieler berührt (»gecheckt«) werden. Damit wird erreicht, daß die gegnerische Mannschaft nach dem Wechsel des Ballbesitzes spielbereit ist.

4 Nach jedem Wechsel des Ballbesitzes (auch während des Spiels bei Ballverlust, Steel und Fehlwurf) muß der Ball hinter die Distanz-Linie zurückgespielt werden. Erfolgt das Zurückspiel nicht, werden Punkte aus diesem Angriff nicht gezählt und der Gegner erhält den Ball. Damit verhindert man, daß sich die Verteidiger unter dem Korb »einmauern« und nur auf einen Fehlwurf warten, um dann nach einem erfolgreichen Rebound sofort aus der Nahdistanz zu werfen.

5 Man soll sich darauf einigen, daß ein Angriff nicht länger als ca. 30 Sekunden dauert. Auch wenn Zeitspiel beim Streetball selten vorkommt, wäre es unfair, den Ball sehr lange in den eigenen Reihen zu halten, vor allem dann, wenn nicht auf Punkte gespielt wird, sondern nach vorher vereinbarter Zeit. Bei deutlichem Zeitspiel (über ca. 30 Sekunden) soll der Ballbesitz wechseln.

6 In Zweifelsfällen (zum Beispiel wenn man bei einem Ausball nicht genau feststellen kann, wer den Ball zuletzt berührt hatte) erhält die verteidigende Mannschaft den Ball. Dadurch verhindert man lange Diskussionen.

7 Nach einem von den Angreifern verursachten Ausball oder Foul erhält die verteidigende Mannschaft den Ball. War der Ausball oder das Foul von der verteidigenden Mannschaft verursacht worden, bleibt das angreifende Team im Ballbesitz.

8 Ein Korbwurf zählt einen Punkt. Ein erfolgreicher Wurf von jenseits der Distanz-Linie zählt zwei Punkte. Damit wird das Spiel attraktiver. Die Distanz-Linie darf aber beim Wurf (oder Absprung beim Sprungwurf) nicht berührt werden. Merke: die Linie ist Dein »Feind«.

te oder über die Dauer von 20 Minuten zu spielen. Dies gewährleistet, daß andere Spieler, die gerade nicht spielen können (es gibt ja nicht beliebig viele Courts), nicht allzu lange warten müssen. Außerdem kann jede Mannschaft auch einen Auswechselspieler haben.

9 Wird ein Spieler im Wurf gefoult, trifft aber doch, dann zählt der Korb. Die andere Mannschaft kommt anschließend in Ballbesitz.

10 Alle Fouls werden vom foulenden Spieler angezeigt oder durch den gefoulten Spieler angesagt. Ein Foul ist jede Körperberührung, durch die ein gegnerischer Spieler benachteiligt wird. »No blood, no foul« ist ein dummer Spruch.
Wer danach handeln will, soll sich schleunigst verziehen.
Da es beim Streetball keinen Schiedsrichter gibt, sollen sich die Spieler daran halten, auf die Fouls zu achten und sie anzusagen. Wer dies nicht akzeptiert, verhält sich unfair und stellt sich – wenn es bewußt geschieht – außerhalb der Gruppe
Wie lange ein einzelnes Spiel dauern soll, ist Vereinbarungssache. Als günstig hat sich erwiesen, entweder auf 16 Punk-

Technik und Taktik im Streetball

Auch wer nur zum Spaß spielt – und dies sollte das Hauptmotiv dafür sein, Streetball zu spielen – wird bemüht sein, seine Spielfähigkeit zu erhöhen. Unter Spielfähigkeit wollen wir hier im wesentlichen die Beherrschung der Technik und Taktik zählen. Diese Elemente kommen aber nur voll zur Geltung, wenn man die Bereitschaft dazu hat, seine Spielleistung in den Dienst der Gruppe zu stellen und die Stärken und Schwächen der Mitspieler und Gegenspieler zu akzeptieren. Daß Fairneß oberstes Gebot sein muß, versteht sich von selbst. Im folgenden sollen die Technik und Taktik im Streetball erläutert werden. Natürlich spielt auch die Kondition (Kraft, Ausdauer, Schnelligkeit und Beweglichkeit) eine Rolle. Aber anders als beim Basketball als Leistungssport in der Halle, wo alle Elemente gezielt zu trainieren sind, die zu einer optimalen Spielleistung beitragen, sind wir der Auffassung, daß sich die Kondition im Streetball vor allem im Spiel selbst ausbildet. Zahlreiche Sprünge bei Wurf- und Reboundaktionen, Richtungs- und Tempowechsel, Antritte und Abstoppen usw. bilden schon einen Trainingsreiz, der auch Anpassungsleistungen des Körpers hervorruft. Wem das nicht ausreicht, kann für sich ein ergänzendes »Konditionstraining« durchführen. Diese ergänzende Betätigung sollte sich vor allem auf die Ausdauer und die Kraft richten.

Mit **Technik** im Streetball ist die Gesamtheit der für das Basketballspiel charakteristischen Bewegungsabläufe und Fertigkeiten gemeint, mit denen Spielsituationen zweckmäßig gelöst werden können.

Zweckmäßig und erfolgreich bedeutet auch, daß es keine allgemeingültige Technik gibt, die für alle Spieler gleich wäre. Große Spielerinnen und Spieler werden etwas anders dribbeln, werfen usw. als Kleinere. Körperkonstitution und auch Temperament prägen oft einen charakteristischen Stil.

Wichtig dabei ist freilich, daß dieser eigene Stil nicht so weit gehen soll, daß man fehlerhafte Bewegungsabläufe verwendet, welche die Lösung von Spielsituationen erschweren.

Zwar gibt es beim Streetball keine normierten Techniken (man wird sich eher an dem orientieren, was die erfolgreichen Spieler machen), doch sollte man bestimmte Merkmale einer Bewegung (die noch beschrieben werden) berücksichtigen, weil es dann besser geht.

Auch muß ein Spieler nicht alle technischen Fertigkeiten, die beim Streetball vorkommen, gleichermaßen beherrschen. Manche Spieler verwenden nur wenige Techniken und sind dennoch erfolgreich, weil sie diese sehr gut beherrschen. Trotzdem ist Streetball durch eine große Vielfalt technischer Fertigkeiten geprägt. Besonders spannend wird Streetball, weil die Handlungsausführung entsprechend den Erfordernissen der jeweiligen Spielsituation viele Variationen zuläßt.

Unter der **Taktik** im Streetball wollen wir die individuellen und vor allem die mannschaftlichen Verhaltensweisen und Handlungen verstehen, die der Erreichung des Spielzieles (Körbe erzielen und verhindern, daß die andere Mannschaft das gleiche tut), dienen. Natürlich ist die individuelle Leistung eine Grundvoraussetzung, aber letztlich ist besonders das Zusamenwirken der Spieler erforderlich, damit diese individuelle Leistung auch zum Tragen kommt.

Ein Beispiel: Ein Spieler hat gerade einen Gegner ausgespielt und kann frei zum Korb ziehen. Überraschend läuft ihm ein Mitspieler dazwischen, der plötzlich eine vermeintlich gute Idee hat, und bringt prompt auch seinen Verteidiger mit. Der Angriff wird dadurch vielleicht so behindert, daß kein Korb erzielt wird. Dieses Beispiel zeigt, daß Taktik als mannschaftliche Maßnahme zur Erreichung des Spielzieles aufgefaßt werden soll.

Sehr Typisch für das Streetball ist die Notwendigkeit, in Angriff und Verteidigung zu spielen, weil Angriff und Verteidigung so schnell wechseln. Taktik in den Sportspielen – und dies gilt auch für Streetball – ist im Grunde immer situatives Entscheidungshandeln. Dies meint, daß ein Spieler immer aus verschiedenen Möglichkeiten auswählen muß, was für die jeweilige Situation am besten ist. Wer nur über wenige Handlungsmöglichkeiten verfügt, kann auch nur aus einer begrenzten Anzahl auswählen. Damit wird er gut ausrechenbar und nicht so erfolgreich spielen können.

Situatives Entscheidungshandeln bedeutet aber auch, daß Du erkennen lernst, wie die Spielsituation gerade ist (»read the play«), was Du in dieser Situation machen kannst oder vielleicht auch sollst. Wenn ein Spieler einen freien Mitspieler nicht sieht (weil er beispielsweise beim Dribbeln noch auf den Ball schauen muß), wird er gar nicht auf die Idee kommen, ihn anzuspielen. Nicht immer sind Spieler eigensinnig, wenn sie sich nicht vom Ball trennen, sondern weisen Mängel in der Wahrnehmung von Spielsituationen oder in der Technik auf. Mit zunehmender Spielerfahrung und steigendem technischen Können wird sich auch die Fähigkeit verbessern, das Spiel zu »lesen«.

Dieses Beispiel zeigt deutlich, daß die Taktik immer von den technischen Möglichkeiten der Spieler begrenzt wird.

Auch wenn die Technik und Taktik im Streetball in diesem Buch aus Gründen der Übersichtlichkeit nacheinander dargestellt werden, so sind sie doch im Zusammenhang zu sehen. Wenn technische Fertigkeiten auch notwendig sind, um spielen zu können, so stellen sie keinen Selbstzweck dar. Sie finden ihren Sinn in der Anwendung des technischen Vorgehens in der Gruppe (z.B. beim Spiel »3-gegen-3«). Merke: man spielt nicht, um seine Technik zu verbessern, sondern man entwickelt die Technik weiter, damit man besser spielen kann. Die Technik ist also (fast) immer auf konkrete Spielsituationen in Angriff und Verteidigung zu beziehen. Dies sollen folgende Beispiele verdeutlichen, die ständig vorkommen:

Du dribbelst dann zum Korb, wenn oder weil der Weg dorthin frei ist. Du täuschst einen Durchbruch zum Korb an, damit Dein Verteidiger zum Korb

absinkt, wodurch Du besser aus der Distanz werfen kannst. Du spielst den Ball mit einem geschickten Paß zu einem Mitspieler, wenn dieser eine bessere Wurfposition hat usw. Damit Du dies (und mehr) als Angreifer tun und als Verteidiger verhindern kannst, sind jedoch technische Fertigkeiten erforderlich.

Streetball-Technik

Zu der Technik des **Angreifers** zählen auch im wesentlichen die Grundstellung, das Fangen und Passen, Dribbeln, Werfen und der Rebound. Die Finten (fakes) werden bei der Taktik behandelt.

Zur Technik des **Verteidigers** gehören vor allem die Verteidigungsgrundstellung, das Verhalten gegen den Dribbler (Beinarbeit) oder Werfer und der Verteidigungsrebound. Die Abwehr gegen Finten (Täuschbewegungen) wird bei der Taktik beschrieben.

Nun muß man beim Streetball die Technik nicht in der ausgefeilten Form beherrschen, wie das bei hochklassigen Spielern in der Halle erforderlich wäre. Aber auch beim Streetball wird man erfolgreicher und mit mehr Spaß spielen können, wenn man seine Technik ständig verbessert.

Natürlich entwickelt sich die Technik auch weiter, wenn man nur spielt. Dieses »Learning by doing« reicht aber meist nicht aus, weil man im Spiel immer mit Störeinflüssen durch die Gegner zurechtkommen muß. Es lohnt sich also, wenn Du ab und zu an Deiner Technik arbeitest.

Einige Punkte, auf die Du beim Lernen, Üben und Verbessern der Technik achten kannst:

● Möglichst oft beidseitig üben. Wenn Du mit der linken und rechten Hand dribbeln und werfen kannst (zumindest beim Layup), bist Du schwerer auszurechnen.

● Eine variable Gestaltung des Bewegungstempos berücksichtigen, zum Beispiel das

Dribbeln verzögern und dann schnell antreten. Dein Gegner kann sich dann später im Spiel nicht so einfach auf Dich einstellen.

● Möglichst bald gegen einen Verteidiger üben. Wenn Du einige Moves für Dich allein ausführen kannst, probiere sie auch gegen einen Verteidiger aus. Dadurch lernst Du, wann Du was wie machen und durchsetzen kannst.

● Eine technische Fertigkeit, die Du schon beherrschst, auch mit Variationen und in der Verbindung mit anderen Fertigkeiten üben, zum Beispiel den Sprungwurf aus dem Dribbling, aus der Drehung, nach einer Täuschbewegung usw. Wenn Du technische Fertigkeiten immer nur einzeln für sich übst, wirst Du einige Schwierigkeiten bekommen, wenn Du sie im Spiel, wo Dich die Gegner behindern, zusammenhängend anwenden willst.

● Übe häufig das, was Du noch nicht ganz so gut kannst. Die meisten Spieler kommen nämlich auf den Platz und beschäftigen sich sofort mit den »Moves«, die sie schon können, vor allem dann, wenn andere zuschauen. Dies ist zwar ganz normal, bringt aber nicht so recht weiter.

Die folgenden Technikbeschreibungen sind als Hinweise dafür gedacht, wie man es richtig oder besser machen kann. Sie sollen Dir auch eine Bewegungsvorstellung vermitteln. Mit Bewegungsvorstellung ist hier vor allem ein optisches Abbild des Bewegungsablaufs gemeint. Dieses optische Abbild kann man auch mit Worten beschreiben. Du lernst viel dabei, wenn Du Deine Bewegungen sprachlich darstellen kannst. Die Bewegungsvorstellung ist deshalb für das Lernen und Ausführen einer technischen Fertigkeit wichtig, weil Du damit einen Plan aufstellen kannst, wie Du die Bewegung ausführen willst.

Wenn Du Spieler beobachtest, die es schon perfekt können, dann kannst Du deren Technik mit Deiner Bewegungsvorstellung vergleichen. Fehler in Deiner Technik wirst Du zwar am Erfolg oder Mißerfolg erkennen, doch weißt Du dann oft nicht, was richtig oder falsch war. Der Vergleich zwischen dem »inneren« Abbild und Deiner tatsächlich ausgeführten Bewegung ist also für die Weiterentwicklung Deiner Technik wichtig. Eine ungenaue oder unvollständige Bewegungsvorstellung wird auch zu einer schlechteren Ausführung der Technik führen. Außerdem ist eine gute Bewegungsvorstellung nützlich, wenn Du Mitspielern helfen willst, ihre Technik zu verbessern. Du kannst Fehler in der Bewegungsausführung bei Dir oder anderen erkennen und entsprechende Tips geben.

Die Angriffstechnik

In vielen Situationen im Sport kann man rasch auf wechselnde Anforderungen reagieren, wenn man in einer Art Bereitschaftsstellung ist. Wir sehen dies am Tennisspieler, der einen Aufschlag erwartet, am Torwart, der eine Flanke oder einen Torschuß abwehren will usw. Auch beim Streetball gibt es eine solche Bereitschaftsstellung. Im Angriff nennen wir sie Grundstellung.

Grundstellung

Sie sieht so aus, daß die Füße etwa schulterbreit auseinander sind. Die Füße können parallel oder etwas versetzt stehen. Die Knie sind leicht gebeugt, das Körpergewicht ist gleichmäßig auf beide Beine verteilt. Die Arme sind locker vor dem Körper und die Arme etwas über Hüfthöhe. Der Kopf ist aufrecht, damit das Spielgeschehen ständig beobachtet werden kann. Diese Stellung verhilft dazu, daß Du aus einer sicheren Position schnell auf viele Situationen (Fangen, Passen, Dribbling und Richtungsänderungen) reagieren kannst. Hast Du dann schon eine Weile gespielt und wirst etwas müde, gibst Du diese Stellung vielleicht auch aus Bequemlichkeit auf. Es ist aber wichtig, daß Deine Knie tatsächlich gebeugt sind, wenn Du in das Spielgeschehen eingreifen willst. Dadurch wird der Körperschwerpunkt etwas abgesenkt, was Dir schnelle Bewegungen beim Beginn einer Aktion ermöglicht. Würdest Du den Kopf nach unten nehmen, könntest Du das Spielgeschehen nicht so gut beobachten und würdest auch die Beugung der Knie aufgeben. Wenn Du das Körpergewicht auf den Fußballen (nicht auf den Fersen) hast, stehst Du richtig.

Fangen

Gewicht und Größe des Basketballes haben dazu geführt, daß man den Ball auf eine ganz bestimmte Weise annimmt. Am günstigsten ist es, den Ball mit beiden Händen zu fangen. Dies ist nicht nur sicherer, sondern erlaubt Dir auch ein schnelles Passen, Werfen und Dribbeln zu beiden Seiten, weil der Ball bereits in einer günstigen Position für diese Aktionen ist.

Der Ball kann leicht gefangen werden, wenn Du die Arme dem anfliegenden Ball entgegenstreckst und ihn mit gespreizten Fingern (Trichterform) annimmst. Nur die Finger berühren den Ball, die Handflächen sollen kaum in Kontakt mit ihm kommen. Zusätzlich sollen die Daumen hinter dem Ball sein, sonst rutscht er leicht durch, vor allem wenn er fest zugespielt wurde. Einem sehr scharf gespielten Paß kannst Du die Wucht nehmen, wenn Du den Ball beim Fangen an den Körper heranziehst (»ansaugen«). Kannst Du den Ball nur mit einer Hand fangen (z.B. bei hohen Pässen oder wenn der Ball deutlich zu einer Körperseite gespielt wird), sollst Du die andere Hand mög-lichst schnell zu Hilfe nehmen.

Kommt der Ball tief auf Dich zu, sollst Du etwas deutlicher in die Knie gehen.

Tips

● »Fange« den Ball schon mit den Augen. Beobachte also den Ball während des ganzen Fluges zu Dir.
● Geh dem Paß etwas entgegen, damit Dein Verteidiger den Ball nicht so leicht erreichen kann. Oft wartet man auf den Ball und bleibt zu passiv.
● Zeige Deinem Mitspieler, daß Du bereit bist, den Ball zu erhalten. Gib ihm ein Ziel. Wenn Du eng gedeckt wirst, kannst Du beispielsweise die Außenhand (das ist die Hand, die durch Deinen Körper gegen den Verteidiger abgesichert ist) ausstrecken. Dieses zeigt dem Mitspieler, wohin Du den Ball haben willst und erleichtert ihm das Zuspiel.

Passen
Wie der Ball zu einem Mitspieler gepaßt werden kann, hängt natürlich von der jeweiligen Situation ab. Daher gibt es eine große Vielfalt von beidhändigen und einhändigen Zuspielarten.

Am häufigsten ist der beidhändige **Brustpaß**, weil man mit diesem Zuspiel nach dem Fangen am schnellsten und sichersten abspielen kann. Aus der Armhaltung am Ende des Fangens (Ball in Brusthöhe, Finger seitlich am Ball und Daumen dahinter) werden die Arme gestreckt. Die Finger drücken den Ball weg, die Handgelenke werden gestreckt. Die Ellbogen sollen nahe am Körper sein. Werden sie zu sehr seitlich abgespreizt, wird der Paß ungenau.

Willst Du den Ball scharf passen (damit er schnell zu einem weiter entfernten Mitspieler kommt), kannst Du einen kleinen Ausfallschritt nach vorn ausführen. Ob Du es richtig gemacht hast, kannst Du leicht kontrollieren: Am Ende des Passes sollen die Handflächen nach außen zeigen, zumindest aber die Daumen nach unten.

Michael Koch – Playmaker und Shooting-Guard der Nationalmannschaft

liegen seitlich am Ball, die Daumen hinter dem Ball. Der Ball wird mit einer Bewegung der Handgelenke (sie »knicken« nach unten ab) abgespielt. Die Arme bleiben über dem Kopf, bis der Ball die Hände verlassen hat.

● Wenn Deine Handflächen nach dem Paß nach außen oder nach unten zeigen, war es richtig.
● Ziele etwa in Kopfhöhe Deines Mitspielers. Bei dieser Paßform sinkt nämlich die Flugkurve des Balles.

Einhändige Pässe werden gebraucht, wenn der Ball an der Seite eines Verteidigers vorbei zu einem Mitspieler gepaßt werden soll oder wenn man sehr eng gedeckt wird. Auch diese Pässe werden aus dem Handgelenk gespielt. Ein kleiner Ausfallschritt zur Paßseite hilft mit, den Ball am Verteidiger vorbeizuspielen. Einhändige Pässe

Tips

● Willst Du zu einem Mitspieler passen, der im Lauf ist, so spiele den Ball etwas vor ihn, damit er nicht abstoppen muß, um den Ball zu fangen.

● Oft ist es günstig, wenn Du den Paß mit einer Täuschung einleitest.
Der beidhändige **Überkopfpaß** eignet sich gut zum Anspiel eines Spielers in Korbnähe (Centerposition) oder für den Fall, daß Du selbst eng gedeckt wirst. Der Ball wird bei dieser Paßform hochgeführt und mit fast gestreckten Armen über dem Kopf gehalten (nicht hinter dem Kopf wie beim Fußballeinwurf. Dies schadet der Paßgenauigkeit). Die Finger

werden oft als Bodenpaß gespielt.

Passen und Fangen sollten natürlich auch geübt werden. Auch wenn Dir Spielen mehr Spaß macht als Üben, solltest Du diese Fertigkeiten von Zeit zu Zeit für sich üben. Du kannst dies durchaus mit einer kleinen Aufwärmphase verbinden. Am einfachsten ist es, wenn Du einige Paßformen mit einem Partner im Stand und lockeren Lauf ausführst. Dadurch gewöhnst Du Dich daran, den Ball in verschiedenen Körperhaltungen zu fangen und wieder abzuspielen.

Dribbeln

Dribbeln beim Streetball ist das ein- oder mehrfache Prellen des Balles mit einer Hand. Gedribbelt werden kann im Stand oder im Lauf.

Erhält ein Spieler den Ball im Stand und will sich mit dem Ball fortbewegen, muß er dribbeln. Wird ein Spieler im Lauf angespielt und will mit dem Ball weiterlaufen, muß er ebenfalls dribbeln. Das Dribbling ist aber auch in anderen Situationen

41

angebracht. Einige Beispiele: zum Korb durchziehen, um mit einem Korbleger abzuschließen; die Entfernung zum Korb verringern, damit die Trefferquote beim nachfolgenden Wurf höher wird, weil man näher am Korb ist; den Winkel für ein Anspiel verbessern; sich befreien, wenn man in dichten Verkehr geraten ist, also gar von zwei Verteidigern bedrängt wird.

Je nach Spielsituation können unterschiedliche Arten des Dribbelns verwendet werden. Es wird aber immer nur mit einer Hand gedribbelt.

Hat man recht freie Bahn zum Korb, wird man ein **hohes** Dribbling durchführen, um schnell zum Korb zu kommen. Die Knie sind dabei leicht gebeugt, der Oberkörper ist eher aufrecht. Der Ball springt hoch bis in Hüfthöhe. Wird man eng von einem Gegenspieler gedeckt, empfiehlt sich ein **tiefes** Dribbling, damit der Gegner den Ball nicht wegschlagen kann. Jetzt wird der Oberkörper noch etwas nach vorn geneigt (aber: Kopf hoch, den Blick nach vorn, damit man erkennt, was um

einen herum vorgeht). Will man einen Verteidiger umspielen, kann man einen Hand- und Richtungswechsel den (cross-over) durchführen.

Bei allen Dribbelarten wird der Ball mit den gespreizten Fingern mit einer kräftigen Handgelenkbewegung gegen den Boden geprellt. Wichtig: Der Ball wird nach unten gedrückt, aber nicht geschlagen.

Tips

● Beim Dribbeln den Blick vom Ball lösen,

damit man die Umgebung beobachten kann. Du bekommst ein gutes Gefühl für das Dribbling, wenn Du manchmal mit geschlossenen Augen (auch im Lauf) übst.
● Den zurückspringenden Ball schon ab Hüfthöhe wieder nach unten drücken. Dies erschwert es dem Gegner, den Ball herauszuschlagen.
● Den Ball gegen einen Verteidiger mit dem eigenen Körper abschirmen. Dies gelingt gut, wenn man mit der äußeren Hand dribbelt (also mit der Hand, die am weitesten vom Gegner entfernt ist.)
● Beginne nicht immer sofort mit dem Dribbling, wenn Du den Ball erhältst. Du bist dann »tot« und kannst viele »moves« nicht mehr ausführen.
● Wenn Du im Spiel dribbelst, soll es einen Zweck haben: damit Du besser zu einem Mitspieler passen kannst; damit Du näher an den Korb herankommst, weil Du dann sicherer werfen kannst usw.

Für das Umspielen eines Verteidigers, der die Dribbelseite zumacht, eignet sich das Dribbeln mit **Hand- und Richtungswechsel** (cross-over). Du nimmst dabei während des Dribblings den Ball von einer Körperseite auf die andere und wechselst von der rechten Hand zur linken bzw. umgekehrt.

Dies geht dann so: Du täuschst einen Durchbruch zur rechten Seite vor. Während des Dribblings mit der rechten Hand setzt Du den rechten Fuß mit einem großen Schritt nach rechts vorn auf. Dann drückst Du Dich kräftig vom rechten Bein ab und prellst den Ball mit der rechten Hand vor dem Körper im Winkel nach links (das sieht aus wie ein V). Anschließend dribbelst Du mit der linken Hand weiter und deckst den Ball wieder mit Deinem Körper ab. Eine für den Verteidiger oft verblüffende Art des »cross-over« ist das Dribbling durch die Beine. Dabei wird der Ball tief gehalten und mit einem kurzen kräftigen Druck zur anderen Körperseite und anderen Hand gewechselt.

So kannst Du die Koordination von Dribbling und Beinarbeit lernen: Du gehst langsam vorwärts und wechselst die Ballseite bei jedem Schritt. Wenn dies gelingt, kannst Du noch etwas schneller gehen. Hier Einige Beispiele, wie Du variabel dribbeln lernen und üben kannst. Es geht einfach los und wird dann immer schwieriger:

● Dribbeln am Ort (im Stand), dabei hohes und tiefes Dribbling. Wechsel der Dribbelhand usw. Dann dribbelst Du im Lauf mit der bevorzugten Hand, danach mit der schwächeren, dann mit Hand- und Richtungswechsel (wieder hohes und tiefes Dribbling). Anschließend dribbelst Du in der Bewegung mit fließendem Übergang von Vorwärts- in Rückwärts- und wieder Vorwärtsdribbeln.

● Jetzt nimmst Du einen Partner hinzu, der die Rolle eines Verteidigers übernimmt. Der Partner soll zunächst noch nicht mit voller Kraft verteidigen, aber im Laufe der Zeit diese

Einschränkung zunehmend abbauen. Danach probierst Du einen Durchbruch gegen einen Verteidiger zum Korb mit abschließendem Wurf aus. Der Verteidiger soll dabei noch deutlich sichtbar für Dich variieren: rechte oder linke Seite zumachen, direkt angreifen oder zurückweichen. Schließlich darf der Verteidiger alle Möglichkeiten nutzen. Die genannten Übungsformen, die Du beliebig verändern oder erweitern kannst, sollst Du immer wieder einmal ausprobieren, auch wenn Du schon gut dribbeln kannst. Selbst Fertigkeiten, die schon automatisiert sind, müssen zwischendurch aufgefrischt werden.

Abstoppen

Wichtig ist auch, daß Du aus dem Dribbling oder Lauf richtig abstoppen kannst. Zwar muß man beim Streetball nicht ganz so genau auf die Schrittregel achten, aber man sollte doch korrekt zum Stopp kommen. Eigentlich sind nur zwei Kontak-

te erlaubt. Das Aufsetzen eines Fußes zählt dabei als ein Kontakt. Es gibt zwei Möglichkeiten: **Schrittstopp** und **Parallelstopp**. Dribbelst Du beispielsweise mit der rechten Hand, dann stoppst Du im Schrittstopp so ab, daß Du zuerst auf dem rechten Bein landest und dann das linke Bein recht schnell davor aufsetzt. Du kommst also in Schrittstellung zum Halten. Achte aber darauf, daß Du keine zu weite Schrittstellung einnimmst.

Dribbelst Du mit der linken Hand, lande zuerst auf dem linken Bein.

Am günstigsten ist es, wenn Du mit einem Parallelstopp anhalten kannst. Dabei werden beide Beine gleichzeitig aufgesetzt. Du kannst dann auswählen, welches Bein Du als Standbein wählen willst.

So gelingt der Schritt- oder Parallelstopp: Führe das letzte Prellen des Balles kräftig aus. Danach springst Du etwas ab, fängst den Ball im Sprung mit beiden Händen und landest. Schrittfehler oder ein Fallen

Umdribbeln mit Körpertäuschung

nach vorn kannst Du vermeiden, wenn Du beim Abstoppen in die Knie gehst.

Sternschritt

Willst Du den Ball gegen einen sehr eng deckenden Verteidiger absichern, kannst Du Sternschritte ausführen. Dies heißt, daß Du ein Bein am Boden läßt und das andere Bein beliebig oft in verschiedene Richtungen bewegen und aufsetzen kannst. Dadurch kannst Du Deinen Körper immer wieder zwischen Ball und den Verteidiger bringen. Besondere Bedeutung dabei gewinnt der Sternschritt beim Antäuschen eines Durchbruchs zum Korb.

Werfen

Der Korbwurf ist das Salz an der Suppe des Basketballspiels. Alle technischen Fertigkeiten und taktischen Kniffe sind letztlich Mittel zu einem einzigen Zweck, nämlich den Ball in den Korb zu werfen (und natürlich auch zu verhindern, daß die gegnerische Mannschaft dies tut). Dies gilt in besonderem Maße im Streetball. Hier wird »nur« auf einen Korb gespielt, es kommt also zu einem schnellen Wechsel zwischen Angriff und Verteidigung und wieder Angriff. Bedingt durch die kleine Spielerzahl (meist »3-gegen-3«) kommen viele Wurfgelegenheiten für alle beteiligten Spieler zustande.

Wer oft Streetball spielt weiß, daß es Spieler gibt, die fast jeden Wurf nehmen. Andere Spieler trauen sich nicht so recht und »verweigern« fast jeden Wurf. Beides ist nicht günstig. Leichtfertige Würfe sind ebenso falsch wie unterlassene. Vor allem ist ein Spieler, der (fast) nie wirft, für die Verteidigung ein Geschenk, weil sie sich nun verstärkt den restlichen Spielern widmen kann.

Wie auf den Korb geworfen wird, hängt von unterschiedlichen Voraussetzungen ab: Spielsituation, Können der Spieler, Körpergröße, persönlicher »Stil« usw. Der Kreativität sind dabei keine Grenzen gesetzt. Im folgenden sollen die wichtigsten Wurfarten und ihre Varia-

tionen aufgezeigt werden.

Der **Korbleger (Lay-up)** ist der typische Wurf aus kurzer Distanz zum Korb. Er wird im Sprung zum Korb ausgeführt. Am häufigsten wird mit einem Bein abgesprungen (Ausnahme der Power Layup). Meist stellt er den Abschluß eines Durchbruchs zum Korb dar. Er ist wegen der geringen Korbentfernung im allgemeinen erfolgversprechender als andere Wurfarten. Es gibt zwei Grundsituationen, aus denen ein Korbleger geworfen wird, nämlich den Korbleger aus dem Durchziehen und den Korbleger aus dem Lauf nach Zuspiel.

Korbleger aus dem Durchziehen: Wichtig ist dabei die richtige Beinarbeit (Schrittfolge).

Beim Korbleger mit der rechten Hand (meist von rechts) ist dann die Schrittfolge »links–rechts-links«. Dies sieht so aus: Mit dem ersten Schritt (linkes Bein) wird der Ball auf den Boden geprellt. Beim zweiten Schritt (rechtes Bein) wird der Ball im Sprung mit beiden Händen wieder aufgenommen. Der dritte Schritt (linkes Bein) dient zum Absprung. Dabei wird der Ball nach oben geführt. Auch wenn man mehr Schritte zum Korb benötigt, erfolgt der Absprung normaler-

weise mit dem linken Bein (dadurch kommt man höher und gewinnt Stabilität für den Wurf). Der Ball wird nun im Sprung mit beiden Händen nach oben geführt und zum Schluß mit der rechten Hand geworfen. Der Abwurf erfolgt entweder als Druckwurf (die Wurfhand liegt hinter dem Ball, die Finger zeigen nach oben) oder als Unterhandwurf (die Wurfhand liegt unter dem Ball, die Finger zeigen zum Korb).

Am sichersten ist der Korbleger, wenn man ihn etwas seitlich vom Korb ansetzt und den Ball locker an das Brett hinwirft. Beim Korbleger ist das Brett Dein Freund. Beim Korbleger mit der linken Hand ist die Schrittfolge um kehrt, also rechts-links-rechts«. Eine kleine Hilfe für das Erlernen der richtigen Schrittfolge: Beim Korbleger von der rechten Seite kannst Du erst ohne Dribbling angehen. Du stellst Dich etwas seitlich vom Korb auf (etwa 3 Meter Abstand zum Korb). Dann gehst Du mit drei Schritten (links-rechts-links) zum Korb und wirfst. Wenn Du dies beherrscht, vergrößerst Du

etwas den Abstand, prellst den Ball zusammen mit dem ersten Schritt (links) auf, fängst den Ball beim zweiten Schritt (rechts) mit beiden Händen, führst den dritten Schritt (links) aus und wirfst. Wenn Du das kannst, machst Du das gleiche im Lauf.

Kann man mit der »falschen« Hand – hier der linken – zum Korb dribbeln, will aber doch mit der »richtigen« (also geübten) Hand – hier die rechte – werfen, kann man schon beim vorletzten Schritt (also mit dem linken Bein) abspringen. Dadurch stimmt wieder der Rhythmus, wenn man mit rechts wirft.

Korbleger aus dem Lauf: Hier erhält ein Spieler, der zum Korb läuft (cut), den Ball zugespielt. Muß er nicht mehr dribbeln, ist die Schrittfolge beim Wurf mit der rechten Hand jetzt »rechts-links«. Dies sieht so aus: Der Werfer fängt den zugespielten Ball im Sprung, landet auf dem rechten Bein (1. Bodenkontakt) und springt beim

2. Bodenkontakt (linkes Bein) ab. Die Wurfbewegung erfolgt ebenfalls wie beim Korbleger aus dem Durchziehen.

Beim Korbleger mit der linken Hand ist die Schrittfolge »linksrechts«.

Tips

• Den letzten Schritt als Stemmschritt (die Ferse setzt zuerst auf) ausführen, damit genügend Höhe und Zeit für den Wurf vorhanden ist. Dies kann man durch einen Schwungbeineinsatz (das Bein, mit dem man nicht abspringt) unterstützen.

• Den Ball mit beiden Händen in die Abwurfposition bringen, damit er nicht wegrutscht. Erst in der Abwurfposition wird die Führungshand vom Ball gelöst.

• Den Ball weich ans Brett oder in den Korb werfen. Ein zu hart geworfener Ball prallt vom Brett oder der Innenseite des Korbringes ab.

Eine **Hilfe** für das **Erlernen** des Korblegers aus dem Lauf:

Du läufst ohne Ball von rechts auf den Korb zu. Ein Mitspieler steht 3-4 Meter vom Korb entfernt und hält den Ball in Schulterhöhe so, daß Du den Ball im Vorbeilaufen aufnehmen kannst. Kurz bevor Du Deinen Partner erreicht hast springst Du mit dem linken Bein ab und nimmst den Ball im Sprung auf. Du hast dabei das rechte Bein in der Luft vorn. Dadurch kommst Du mit dem rechten Bein auf, dann mit dem linken. Dieser letzte Kontakt mit dem linken Bein soll als Absprung erfolgen. Der Korbleger beschließt die Aktion. Wenn Du dies beherrscht, reicht Dir Dein Mitspieler den Ball nicht mehr, sondern paßt Dir den Ball zu, wenn Du an ihm vorbeiläufst.

Beim Korbleger aus dem Lauf von der linken

Seite ist die Schrittfolge umgekehrt.

Als Überraschungseffekt kann man den Korbleger auch mit der Innenhand ausführen (mit der linken Hand von rechts bzw. der rechten Hand von links). Hierbei »segelt« man nach dem Absprung ohne einen Schwung beineinsatz und ohne

deutlichen Stemmschritt zum Korb.
Man kommt dann zwar nicht so hoch,
ist dafür aber sehr nah am Korb,
weil man die Innenhand benutzt.
Oft rechnet der Verteidiger mit
einem »normalen« Bewegungsablauf und reagiert zu spät.

Eine Sonderform des Korblegers ist der **Power Layup**. Er wird beispielsweise verwendet, wenn ein Angreifer einen Rebound nahe am Korb ersprungen hat bzw. einen Paß von einem durchziehenden Mitspieler zugesteckt bekam. Beim Power Layup springt man mit beiden Beinen gleichzeitig ab. Der Ball wird kraftvoll und mit festem Griff nach oben geführt, da meist Verteidiger sehr nahe sind. Beim Wurf von rechts zeigt oft die linke Schulter zum Korb (beim Wurf von links die rechte Schulter).

Hakenwurf
(Hook Shot)

Der Hakenwurf ist eine recht schwierige Variante des Korblegers. Wird der Hook richtig ausgeführt, ist er schwer abzuwehren, weil der Werfer seinen Körper zwischen Ball und Verteidiger hat. Der Hook eignet sich vor allem dann, wenn man den Ball mit Rücken zum Korb erhalten hat. Der Rechtshänder lei-

tet den Wurf mit einem Schritt des linken Beines (der Linkshänder mit dem rechten Bein) ein. Dabei wird der Fuß so aufgesetzt, daß er schon in Richtung Korb bzw. Korbauslinie zeigt. Dies erleichtert die Drehung zum Korb. Der Ball wird mit beiden Händen seitlich nach oben geführt, die

linke Schulter (beim Linkshänder die rechte) zeigt zum Korb. Die Führungshand wird vom Ball gelöst, wenn die Wurfhand unter dem Ball ist. Der Ball wird im Bogen über den Kopf auf den Korb geworfen. Beim Abwurf ist die Wurfhand hinter

dem Ball. Abgeworfen wird erst, wenn der Wurfarm fast senkrecht nach oben zeigt. Der andere Arm kann als Schutz zwischen Werfer und Verteidiger hochgeführt werden.

Spektakuläre Variatio-
nen des Korblegers
sind der Reverse Lay-
up und das Dunking.
Beim **Reverse Layup**
nähert sich der Wer-
fer dem Korb, springt
dann aber am Korb
vorbei oder taucht
unter ihm durch und
zaubert den Ball von
der anderen Korbseite
in den Korb. Dieser
Wurf wird dann ver-
wendet, wenn man
überraschend zu nah
an den Korb herange-
kommen ist oder
einen abwehrbereiten
Verteidiger umgehen
will.

kraft und ein Gefühl für den Rhythmus. Der Vorteil beim Dunking ist, daß ein Verteidiger den aufsteigenden Ball nicht abwehren kann, weil er nicht frei ist.

Besonders spektakulär ist das Dunking rückwärts, das aber eine sehr große Sprungkraft erfordert, damit man in der Luft genügend Zeit hat, den Ball in den Korb zu stopfen.

Will man das Dunking erlernen, kann man zunächst ohne Dribbling anlaufen und dann kräftig mit einem Bein abspringen. Wichtig ist, daß der Ball schnell mit beiden Händen nach oben geführt wird und mit einer Hand oder beidhändig von oben in den Korb gedrückt wird. Wird dies beherrscht, kann man aus einem kurzen Anlauf beidbeiabspringen.

Dunking

Wer bei Spielen der amerikanischen Profi-liga NBA zuschaut, ist immer wieder von den variationsreichen Dunkings begeistert. Diese Art, den Ball mit Wucht in den Korb zu stopfen, ist auch im deutschen Basketball längst üblich geworden und zählt auch bei vielen Streetballspielern mittlerweile zum festen »Repertoire«. Gerade beim Dunking scheint der Einfallsreichtum der Spieler keine Grenzen zu kennen. Eigene Slam Dunk-Wettbewerbe (mit Punktrichtern) erfreuen sich großer Beliebtheit bei den »Straßenfliegern«.

Beim **Dunking** wird der Ball mit einer Hand oder beidhändig mit kräftigem Handgelenkeinsatz von oben (also über Ringhöhe) in den Korb gestopft. Voraussetzung dafür ist natürlich eine entsprechende Sprung-

● Mit gebeugten Knien kräftig in den beidbeinigen Absprung »einspringen« und sofort hochsteigen. Du kommst dann höher. Gelingt das Dunking aus dieser Anlaufbewegung (die im Spiel wegen Schrittfehler nicht erlaubt ist), wird jetzt das Dribbeln beim Anlauf dazugenommen.

Die **Dunkingkrönung**:
Einen hohen Paß über Korbniveau in der Luft annehmen und sofort eindunken.

Standwurf

Dieser Wurf wird mit einer Hand oder beidhändig aus dem Stand ausgeführt. Beim Basketball in der Halle wird der Freiwurf als Standwurf ausgeführt. Beim Streetball wird er eigentlich nur von solchen Spielern verwendet, die mit dem Spiel beginnen. Sehr bald wird er vom Sprungwurf abgelöst. Da der Standwurf eine wichtige Voraussetzung für das Erlernen des Sprungwurfes ist, soll er hier kurz dargestellt werden.

Der Bewegungsablauf beim einhändigen Standwurf sieht so aus: Die Füße stehen etwa schulterbreit auseinander. Der Rechtshänder stellt den rechten Fuß etwas nach vorn (der Linkshänder den linken Fuß). Der vordere Fuß soll immer zum Korb zeigen. Die Knie sind leicht gebeugt. Der Ball wird anfangs mit beiden Händen etwa brusthoch nahe am Körper gehalten (wie beim Brustpaß). Aus dieser Ausgangsstellung geht der Werfer tiefer in die Knie und führt dabei den Ball mit beiden Hän-

den nach oben. **Wichtig:** Wenn Du bei der Ausholbewegung tiefer in die Knie gehst, sollst Du den Ball nicht mit nach unten nehmen, sondern nach oben. Die Wurfhand ist erst hinter, dann unter dem Ball. Das Handgelenk der Wurfhand wird dann nach hinten abgebeugt, die andere Hand (Führungshand) bleibt seitlich am Ball. Ist der Ball über Kopfhöhe, wird die Führungshand vom Ball gelöst und der Ball wird mit der Wurfhand zum Korb gedrückt. Die Beine werden beim Hochführen des Balles gestreckt. Damit der Ball auch den richtigen Drall oder Effet (Rückwärtsdreh oder »back spin«) mitbekommt, wird das Handgelenk im letzten Teil der Armbewegung nach vorn (unten) abgebeugt. Dadurch kann der Ball über die Finger und Fingerspitzen abrollen und bekommt so den gewünschten Drall. **Wichtig:** Der Ellbogen der Wurfhand soll vor dem Körper bleiben und kaum zur Seite abweichen.

Tips

Vermeide unnötige Nebenbewegungen. Nimm bei der Ausholbewegung die Wurfarmschulter nicht zurück, da der Wurf dann ungenau wird. Besser ist es, die Aushol- und Wurfbewegung durch ein sehr kräftiges Strecken der Beine zu unterstützen.

Sprungwurf

Dieser Wurf wird meist mit einer Hand nach beidbeinigem Absprung im Sprung ausgeführt. Er ist einer der wichtigsten Würfe beim Streetball. Er wird verwendet, wenn der Weg zum Korb versperrt ist oder ein Verteidiger so vor dem Werfer steht, daß man über ihn werfen will. Durch die größere Abwurfhöhe ist er schwerer abzuwehren als etwa der Standwurf.

Es gibt im allgemeinen zwei Grundsituationen, in denen der Sprungwurf ausgeführt wird: wenn man den Ball im Stand von einem Mitspieler erhält oder wenn man aus dem Dribbling

oder dem Lauf abstoppt.

So sieht der **Sprungwurf** aus dem **Stand** aus:

Die Füße sind etwa schulterbreit auseinander. Der Rechtshänder kann das rechte Bein etwas voranstellen (der Linkshänder das linke Bein). Der Ball wird vor dem Absprung mit beiden Händen brusthoch gehalten. Aus dieser Stellung geht der Werfer tiefer in die Knie und springt durch Strecken der Knie ab. Direkt nach dem Absprung wird der Ball mit beiden Händen in Überkopfhöhe gebracht. Die Wurfhand ist erst hinter, dann unter dem Ball. Im höchsten Punkt des Sprunges wird der Ball wie beim Standwurf auf den Korb geworfen. Die Landung erfolgt mit beiden Beinen gleichzeitig etwa an der Absprungstelle. Wichtig: nicht nach vorn springen, weil Du sonst Gefahr läufst, auf einen Verteidiger aufzuspringen. Dies wäre eigentlich Stürmerfoul, bringt aber vor allem das Problem, daß Du Dich oder Dei-

nen Gegenspieler ver-
letzen kannst.
Aus naher Entfernung
kannst Du den Ball
auch schon über die
Kopfhöhe halten und
abspringen. Durch die
Korbnähe brauchst
Du keine so ausge-
prägte Ausholbewe-
gung.

● Am besten ist es, wenn Du den Ball im höchsten Punkt des Sprunges abwirfst. Du sollst das Gefühl haben, kurz in der Luft zu »stehen«. Entscheidend ist nicht so sehr die Sprunghöhe, sondern die Höhe, aus der geworfen wird.

● Bei der Ausholbewegung (wenn Du in die Knie gehst) sollst Du den Ball nicht mit nach unten nehmen.

● Der Ball soll beim Hochführen nicht hinter den Kopf gebracht werden, sondern über den Kopf. Dadurch triffst Du besser, weil das Handgelenk vor dem Wurf nicht zu weit abgebeugt wird.

● Zuerst nahe am Korb üben. Wird der Sprungwurf noch nicht beherrscht und zu weit vom Korb entfernt angesetzt, kommt es oft zu einer falschen Ausholbewegung. Der Wurf wird dadurch leicht »verzogen«.

Wie kannst Du die Koordination von Sprung und Wurf erlernen? Du springst mit dem Ball hoch und bringst ihn in die Abwurfposi-

tion, wirfst aber noch nicht. Du landest mit beiden Beinen gleichzeitig. Dann hältst Du den Ball wieder in Brusthöhe und wiederholst diese Übung ein paarmal. Wenn Du dies beherrscht, stellst Du Dich ganz nahe am Korb auf (der Abstand etwa 2 Meter) und wirfst mit der beschriebenen Bewegung ans Brett. Auch diese Übung wird ein paarmal wiederholt. Jetzt gelingt die Verbindung von Sprung und Wurf besser.

Beim **Sprungwurf** aus dem **Dribbling** oder dem Lauf taucht die Schwierigkeit auf, daß man das Abstoppen aus der Vorwärtsbewegung mit dem Sprung nach oben und dem Wurf koordinieren muß. Auch wenn man beim Streetball nicht so sehr auf Schrittfehler achten muß wie beim Spiel in der Halle, so bereitet der Übergang von Abstoppen und Wurf im Sprung anfangs doch oft Probleme.

So sieht der **Sprungwurf** aus dem **Dribbling** aus:

Der Werfer stoppt aus dem Dribbling so ab, daß er den vorderen Fuß fest aufsetzt (beim Rechtshänder ist dies der linke Fuß) und den hinteren Fuß daneben stellt. Wenn der vordere Fuß aufgesetzt ist, wird der Ball in beide Hände genommen. Nach dem Abstoppen wird die Wurfbewegung so ausgeführt wie beim Sprungwurf aus dem Stand. Meist ist ein zusätzliches Tiefgehen als Ausholbewegung nicht erforderlich, weil man beim Abstoppen bereits deutlich in die Knie geht.

So gelingt Dir der Sprungwurf aus dem Lauf (z.B. bei der Ballannahme in der Bewegung) am besten: Der angespielte Spieler fängt dann den Ball in einem leichten Sprung und landet mit beiden Beinen gleichzeitig mit paralleler Fußstellung (Füße etwa schulterbreit auseinander). Während der Ballannahme sollte man den Körper so drehen, daß die Fußspitzen schon zum Korb zeigen. Nach dem Aufsetzen der Füße

erfolgt sofort der Absprung.

Weil der Korbwurf die entscheidende Fertigkeit im Streetball ist, solltest Du vor allem den Sprungwurf häufig üben. Die Würfe, die Du im Spiel selbst nimmst, reichen allein nicht aus, um die Wurfbewegung zu automatisieren und sich gegen die Einwirkung eines Verteidigers unempfindlich zu machen. Am besten ist es, wenn Du mit einem Partner übst, der Dir den Ball nach dem Wurf wieder zupaßt. Empfehlenswert ist es, in vielen Serien zu üben. Du wirfst beispielsweise 10 Sprungwürfe, dann kommt Dein Partner an die Reihe, dann wieder Du usw. Du kannst auch die Entfernung zwischen den Würfen variieren. Wenn Du geworfen hast, suchst Du Dir eine neue Position, erhälst dort den Ball von Deinem Partner und wirfst. Übst Du allein, kannst Du den Ball etwas von Dir wegwerfen, den vom Boden hochspringenden Ball im Sprung wieder aufnehmen und werfen. Wenn Du den Ball hoch genug wirfst,

dann kannst Du bei der Ballannahme schon so einspringen, daß Deine Füße zum Korb zeigen.

Gegen einen eng deckenden Verteidiger (oder einen deutlich größeren) kann man auch den **»fade away«**-Sprungwurf verwenden.

Dabei springt man etwas nach hinten (vom Verteidiger weg) ab. Dadurch wird der Abstand zwischen Wurfhand und Verteidiger größer. Allerdings ist ein zu weites Zurücklehnen ungünstig, weil der Wurf dann nicht immer genau genug gelingt.

Eine lustige (aber auch sehr schwierige) Variante ist dabei der Sprungwurf mit einer **Drehung von 360 Grad** um die Körperlängsachse. Hierzu ist ein sehr kräftiger Absprung und eine sehr schnelle Bewegungsausführung erforderlich.

Rebound

Beim Basketball in der Halle behaupten viele Trainer: »Wer das Brett kontrolliert (also den nach einem Fehlwurf abprallenden Ball erhält), gewinnt das Spiel.« Auch beim Streetball ist der Rebound ein sehr wichtiges Element, weil die Angreifer sofort eine neue Wurfchance erhalten können, die Verteidiger dann andererseits in den Angriff wechseln können.
Gute Sprungkraft reicht allein für eine erfolgreiche Reboundarbeit nicht aus. Es kommt auch darauf an, eine günstige Position für den Sprung nach dem Ball einzunehmen. Gute Beinarbeit und gutes Stellungsspiel ersetzen oft viele Zentimeter an Körpergröße.

Da der Rebound im Angriff und in der Verteidigung viele Ähnlichkeiten aufweist, wird er im folgenden auch zusammenhängend beschrieben.

Beim **Verteidigungs-rebound** gilt es zunächst, den jeweiligen Gegenspieler herauszublocken, wenn man schon näher als dieser zum Korb steht. Hat man die Innenposition, so nimmt man am besten folgende Stellung ein: Füße schulterbreit auseinander, Knie leicht gebeugt und Hände etwas über Brusthöhe. Es gilt, ein möglichst großes Hindernis für den Angreifer zu bilden. Aus dieser Ausgangsstellung springt man meist beidbeinig ab (stabilste Position), faßt den Ball mit beiden Händen in der Luft und reißt ihn schnell herunter. Kommt man nur mit einer Hand an den Ball, soll die andere Hand so früh wie möglich hinzu genommen werden. Damit verhindert man, daß der Ball wegrutscht. Auch die Angreifer, die nicht geworfen haben, sollen herausgeblockt werden. Ist ein Spielerpaar recht weit vom Korb entfernt, kann der Verteidiger erst zwei oder drei Schritte zurückweichen und dann den Angreifer herausblokken. Durch dieses

Manöver kann der Verteidiger nicht so leicht überlaufen werden. Ist das Spielerpaar nahe am Korb, soll der Verteidiger seinen Gegenspieler sofort herausblocken. Beim einem **Angriffs-rebound** gilt es, möglichst schnell in die Innenposition (vor den Verteidiger) zu kom-

men. Durch eine Täuschbewegung (links täuschen – rechts zum Korb bzw. umgekehrt) kann man das Herausblocken durch den Verteidiger erschweren oder umgehen.
Der Angreifer kann auf das Ausblocken verzichten, weil er den Ball nicht sichern

muß. Deshalb kann er den Ball auch schon in der Luft in den Korb tippen. Gelingt es dem Angreifer nicht, die Innenposition zu erobern, kann er versuchen, mit einer Hand an den Ball zu kommen. Im Sprung kann man mit einer Hand höher reichen als mit beiden Händen.

Die Verteidigungstechnik

Die meisten Spieler bevorzugen zunächst einmal das Angriffsspiel. Es macht einfach Spaß, einen Korb zu erzielen, geschickt zu dribbeln und einen Mitspieler gut in Szene zu setzen. Will man freilich erfolgreich spielen, kommt auch der Verteidigung eine große Bedeutung zu. Beim Basketball in der Halle schont sich mancher Spieler, um dann im Angriff voll wirken zu können. Dies ist im Streetball kaum möglich, da hier meist »3-gegen-3« gespielt wird. Ein Spieler, der die Verteidigungsarbeit stark vernachlässigt, beeinträchtigt nicht nur den Erfolg seiner Mitspieler, sondern raubt ihnen oft die Freude am Spiel. Die Verteidigung beim Streetball ist im wesentlichen eine **Mann-Mann-Verteidigung**. Bedingt durch die geringere Spielerzahl als beim Basketball in der Halle, ist eine Raumdeckung nicht erforderlich und auch nicht günstig. Mann-Mann-Verteidigung bedeutet, daß jeweils ein Verteidiger für einen Gegenspieler verantwortlich ist. Je nach Spielsituation kann ein Verteidiger aber auch kurzzeitig seinen Gegenspieler verlassen und zum Korb absinken, um die Räume eng zu machen oder aushelfen, wenn ein Mitspieler umspielt wurde.

Wichtig bei der Mann-Mann-Verteidigung ist die Verteidigungsgrundstellung und das richtige Verhalten gegen einen Dribbler und Werfer.

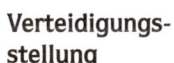

Verteidigungsstellung

Sie ähnelt der bei der Angriffstechnik beschriebenen Grundstellung. Jetzt sind aber die Knie etwas stärker gebeugt (Hinweis: Kopf hoch, Gesäß tief). Diese erlaubt schnelle Richtungswechsel gegen Dribbler oder Werfer. Soll ein Ballbesitzer angegriffen werden, können die Arme in Hüfthöhe gehalten werden.

Dies sieht so aus: Aus der Verteidigungsgrundstellung führst Du beim Angriff den ersten Schritt mit dem Bein aus, das in der Bewegungsrichtung vorn ist. Dann ziehst Du das andere Bein nach. Dadurch kannst Du dem Dribbler den Weg nach innen versperren. Damit der Ballbesitzer nicht an Dir vorbeikommt, weichst Du in der seitlichen Stellung zurück. dann führst Du den ersten Schritt mit dem hinteren Bein aus und ziehst dann das vordere Bein nach.

Zusätzlich kannst Du versuchen, den Ball wegzuschlagen, wenn er zwischen Hand des Dribblers und Boden ist. Am besten gelingt das, wenn Du dazu die vordere Hand benutzt. Dribbelt also der Gegenspieler mit der rechten Hand, dann greifst Du mit der rechten Hand an; beim Dribbling mit der linken Hand nimmst Du die linke

Verteidigung gegen den **Dribbler:** Erstes Ziel ist es, den Dribbler zu stoppen (damit dieser den Ball aufnehmen muß) bzw. daran zu hindern, daß er dorthin kommt, wo er hin will.
Willst Du den Dribbler nicht zum Korb durchbrechen lassen, gelingt dies am besten, wenn Du den Dribbler angreifst und dann vor ihm zurückweichst, ihn jedoch durch eine seitliche Stellung zur Seite abdrängst. Du bewegst Dich dabei mit Gleitschritten (Nachstellschritten).

Hand. Gelingt es Dir, den Dribbler dazu zu bringen, das Dribbling zu beenden, kannst Du sofort nahe an ihn heran, um einen Paß oder Wurf zu erschweren. Wechselt der Ballbesitzer die Richtung (zum Beispiel beim cross-over), muß der Verteidiger eine neue seitliche Stellung einnehmen. Dazu dreht er sich um das hintere Bein, nimmt das vordere zurück und dreht den Oberkörper in die neue Richtung. Wichtig für die Beinarbeit des Verteidigers: Beim Zurückweichen solltest Du die Beine nie überkreuz haben. Du verlierst dabei oft das Gleichgewicht, wenn der Gegner die Richtung ändert. Besser ist es, Gleitschritte zu verwenden.

Tips

● Die meisten Spieler haben eine gute und eine weniger gute Hand. Dies bedeutet, daß der Rechtshänder oft schlecht mit der linken Hand dribbelt und umgekehrt. Diesen Umstand kannst Du nutzen: Du stellst Dich von vornherein so, daß Du dem Dribbler die gute Seite versperrst (dies nennt man auch »overplay«). Dadurch muß er oft das Dribbling beenden

oder mit seiner schwächeren Hand dribbeln.
● Oder Du machst dem Dribbler plötzlich die Seite zu. Er muß nun das Dribbling abbrechen oder

die Dribbelhand und Seite wechseln.
● Eine weitere Möglichkeit: Du täuschst einen Angriff auf den Ball an und weichst anschließend sofort wieder zurück.

Verteidigung gegen den **Werfer:**

Wie man gegen einen Spieler verteidigt, der den Ball hat und werfen will, hängt von vielen Faktoren ab. Die wichtigsten: Entfernung des Ballbesitzers zum Korb (trifft er von dort überhaupt) und Dribbling (hat der Ballbesitzer schon gedribbelt).

Hat der Werfer noch nicht gedribbelt, so kannst Du nicht so schnell und so nah an ihn heran, weil Du sonst zu leicht umspielt werden kannst. Wenn Du bemerkst, daß der Werfer zum Wurf ansetzen will, rückst Du in kurzen Gleitschritten an ihn heran, achtest aber noch auf ein mögliches Dribbling. Du bleibst also noch in der Verteidigungsgrundstellung mit dem Körpergewicht auf beiden Beinen. Hat er schon gedribbelt, kannst Du schnell zum Ballbesitzer. Er kann mit dem Ball nirgends mehr hin. Führt der Werfer den

Wurf aus, geht die Hand des Verteidigers beim Hochführen des Balles mit nach oben. Man soll erst versuchen, den Ball zu blocken, wenn er die Hand des Werfers verlassen hat. Wichtig: Erst hochspringen, wenn der Ball die Hand des Werfers verlassen hat oder der Werfer schon abgesprungen ist. Springst Du zu früh, kannst Du nicht mehr auf den Ballbesitzer reagieren. Dies geschieht häufig dann, wenn der Ballbesitzer noch nicht gedribbelt hat und einen Wurf nur antäuscht, um besser zum Korb ziehen zu können.

Sehr oft wird es vorkommen, daß der Verteidiger zu spät kommt, um den Ball noch ablenken oder blocken zu können. Aber der Verteidiger soll trotzdem stören. Dies erschwert den Wurf doch, weil der Werfer den Wurf erheblich »verzieht«, wenn er die Verteidigungsaktion bemerkt.

»Eat it« sagen Streetballspieler bei folgender Szene.
Hier gelingt es dem Verteidiger, den Ball noch in der Wurfhand des Werfers zu blokken. Dafür muß man aber schon ein gutes Timing haben und auch ein Gefühl, wann und wie der Werfer abspringen wird.

71

Bei höherem Können der Spieler sind die Aufgaben in der Verteidigung schwerer zu lösen als im Angriff. Dies liegt daran, daß der Verteidiger im allgemeinen auf den Angreifer reagieren muß. Er weiß oft nicht, was der Angreifer vorhat. Diesen Nachteil kann man ausgleichen, indem man die Angreifer unter Druck setzt. Eine gute Möglichkeit ist, daß man einen Spieler, der nicht im Ballbesitz ist, so verteidigt, daß er den Ball nicht oder nur schwer erhalten kann. Dies kann man durch eine **»overplay-Stellung«** erreichen. Damit ist gemeint, daß die Anspielwege geschlossen werden und ausgeholfen wird. Ein Verteidiger stellt sich dabei so auf, daß er halb vor einem Gegenspieler steht. Dadurch wird ein Paß zum Gegenspieler deutlich erschwert.

Zusätzlich kann ein Verteidiger, dessen Gegenspieler weit vom Geschehen entfernt ist, absinken und aushelfen, wenn sich ein anderer Angreifer geschickt von seinem Verteidiger gelöst hat.
Eine weitere Möglichkeit ist, einen Spieler in Korbnähe von vorn zu decken. Ein Anspiel ist dann nur durch einen Bogenpaß möglich, der sehr schwer ist, wenn der Ballbesitzer eng gedeckt wird.

73

Street-ball-Taktik

Bei den einführenden Bemerkungen zu diesem Kapitel wurde bereits ausgeführt, daß die Übergänge zwischen Technik und Taktik fließend sind, weil technische Fertigkeiten ihren Sinn erst in der Anwendung in der taktischen Lösung von Spielsituationen finden. Aus der individuellen Technik wird sehr schnell die Individualtaktik, wenn die streetballspezifischen Mittel des einzelnen Spielers im richtigen Moment im Spiel verwendet werden. Dies wird besonders deutlich bei den Täuschbewegungen (Finten oder »fakes«).

Manche Autoren, die Bücher über Sportspiele schreiben, sind sich nicht ganz sicher, ob die Finten nun zur Technik oder zur Taktik zu zählen sind. Streetballspieler kümmern sich nicht um diese Diskussion. Ihnen reicht es, wenn sie im Spiel Finten anwenden und abwehren können.

Unter **Fintieren** verstehen wir das Vortäuschen einer Handlung, um eine andere durchzuführen. Grundlage für alle Finten und Täuschbewegungen ist die Antizipation des gegnerischen Verhaltens. Vereinfacht ausgedrückt meint Antizipation die gedankliche Vorwegnahme kommender Ereignisse.

Erfahrene Spieler können schon aus wenigen Informationen bei Beginn auf den wahrscheinlichen Fortgang einer Handlung schließen. Diesen Umstand nutzt man bei Täuschungen aus. Ein Beispiel: Ein Spieler sieht eine Teilbewegung bei einem anderen Spieler, meint zu wissen, wie die Bewegung weitergehen wird und versucht nun, diese zu verhindern oder zu erschweren. Eine Täuschung ist dann gelungen, wenn der Gegner auf die vermeintlich vorgesehene Bewegung oder Handlung »hereinfiel«, also zu einer falschen Reaktion verleitet wurde.

Es gibt sehr viele Möglichkeiten, Finten auszulösen: mit dem Ball (kurzes Antäuschen eines Bodenpasses, dann Sprungwurf), den Augen (Blicktäuschung: Du schaust in eine Richtung und paßt oder dribbelst in die andere), mit dem Kopf, den Armen und Beinen.

Auch das Unterlassen bestimmter Dinge kann zu einer falschen Reaktion des Gegners führen. Besonders schön (aber auch sehr schwierig) sind die »no look«-Pässe. Hier wird der Paß aus dem normalen Spielgeschehen plötzlich zu einem Mitspieler gespielt, ohne daß der Paßgeber vorher in die Paßrichtung schaut. Der Verteidiger hat in einem solchen Fall keinerlei Hinweise dafür, daß überhaupt eine Aktion erfolgen soll. Schwierig ist dieser »no look« auch deshalb, weil der Mitspieler ebenfalls keine Signale erhält, daß er angespielt werden wird. Fehlpässe sind daher oft unvermeidbar, vor allem, wenn man sich noch nicht so gut kennt.

Einige Beispiele, wann Du welche Finten verwenden kannst, wenn Du den Ball hast:

Willst Du einen Gegenspieler umspielen, kannst Du einen Korbwurf vortäuschen. Du bringst den Ball in die Ausgangsposition zum Wurf. Rückt Dein Verteidiger zu schnell oder zu nah an Dich heran, springt vielleicht sogar hoch, um den Wurf zu blokken, ist Dein eigentlicher Plan, nämlich zum Korb zu ziehen, leicht auszuführen. Dann kannst Du recht gut am Verteidiger vorbeikommen.

Willst Du zum Korb durchbrechen, kannst Du auch ein Dribbling zu einer Seite antäuschen (Fußtäuschung). Versperrt Dir der Verteidiger diese Seite, kannst Du auf der anderen durchziehen. Willst Du zum Wurf kommen, obwohl Du eng gedeckt wirst, kannst Du ja einen Durchbruch zum Korb vortäuschen. Weicht Dein Verteidiger zurück, hast Du Platz zum Wurf.

Auch wenn Du trotz enger Deckung einen Paß geben willst, kannst Du durch eine Wurf- oder Durchbruchsfinte den Verteidiger zu einer »falschen« Reaktion verleiten. Dies erleichtert das Passen. Hilfreich sind Finten auch, wenn Du in Ballbesitz kommen willst. Hierzu eignen sich Bewegungen weg vom Ball (zum Beispiel in Richtung Korb) und anschließende Richtungsänderungen zum Ball hin. Sehr gut sind Täuschungen, bei denen Du Dein Lauftempo oder die Laufrichtung änderst. Einige Aspekte, auf die Du beim Fintieren achten solltest:

● Das Vorgetäuschte soll realistisch sein und auch durchgeführt werden können, falls der Gegner nicht darauf eingeht. Eine Wurffinte sehr weit vom Korb entfernt wird Dir nur abgenommen, wenn Du schon gezeigt hast, daß Du gut aus einer solchen Entfernung werfen kannst.
● Die Täuschung muß für den Gegenspieler wahrnehmbar sein.
● Nach der Finte muß die nachfolgende Handlung schnell erfolgen, um den Zeit- oder Raumvorteil auch zu nutzen.
● Dein Gegner muß die Handlungen zumindest im groben

kennen, die auf eine Täuschung folgen können, wenn er sie ignoriert. Manchmal wirst Du feststellen, daß Dein Gegenspieler auf Deine gute Täuschung nicht hereinfällt. Dies liegt nicht immer an dessen guter Reaktion, sondern oft daran, daß Dein Gegner überhaupt nicht bemerkt hat, daß und in welcher Weise er getäuscht wurde.
Auch als Verteidiger kannst Du Finten verwenden.
Beispiele: Du kannst Deinen Gegenspieler zum Durchziehen verleiten, wenn Du vortäuschst, ihn eng anzugreifen, aber sofort wieder zurückweichst. Sehr oft verbraucht der Angreifer dadurch seine Dribbelmöglichkeit. Wenn einer Deiner Mitspieler ausgespielt wurde, kannst Du einen plötzlichen Angriff auf den Ballbesitzer starten, dann jedoch sofort wieder zu Deinem Gegenspieler zurückweichen. Häufig versucht der Ballbesitzer, den vermeintlich freien Partner anzuspielen und riskiert einen Fehlpaß.

Die **Abwehr** von **Finten** ist nicht ganz so einfach, weil man im allgemeinen auf eine Aktion eines Gegenspielers reagieren muß. Der Gegner ist insofern im Vorteil, weil er schon weiß, wie es weitergehen soll. Man ist also oft zu spät dran, wenn der Gegenspieler sein Vorhaben in die Tat umsetzt. Hilfreich ist es aber, wenn Du die Stärken und Schwächen des Gegners kennst.

Tips

● Wenn Dein Gegenspieler nicht gut mit seiner linken Hand dribbeln kann, dann brauchst Du auf eine Durchbruchsfinte nach links nicht einzugehen.
● Lasse einen kleinen Sicherheitsabstand (etwa eineinhalb bis zwei Meter) zwischen Dir und einem Spieler, der noch nicht gedribbelt hat.
● Schau auch nicht in die Richtung, zu der Dich Dein Gegner zu täuschen versucht, sonst kommst Du fast immer zu spät.

● Versuche selbst Finten anzuwenden (z.B. überraschender Angriff auf den Ball und sofort wieder zurückweichen), damit Dein Gegenspieler auch auf Dich achten muß.

Taktik in Angriff und Verteidigung

Beim Streetball hat die Taktik nicht die große Bedeutung, wie das beim Basketball in der Halle der Fall ist. Dort muß man wissen, wie man gegen unterschiedliche Verteidigungen spielt, muß selbst verschiedene Deckungssysteme beherrschen und muß es schaffen, alle für das Spiel auf dem Großfeld leistungsbestimmenden Elemente unter einen Hut zu bringen.
Taktik im Streetball ist nicht so aufwendig und umfassend. Man muß hier über keine einstudierten Spielzüge verfügen, braucht aber auch keine Mittel, wie man solche Spielzüge stören kann. Doch kommt es auch im Streetball darauf an, die Möglichkeiten der Spieler so zu koordinieren, daß man als Gruppe erfolgreich ist.

Zur besseren Übersicht lassen sich die taktischen Mittel, die Angreifer einsetzen können, in Aktionen ohne direkte Partnerhilfe und mit direkter Partnerhilfe einteilen. Einige Beispiele für Aktionen, die ohne Partnerhilfe durchgeführt werden:
Durchbruch zum Korb durch Umspielen eines Gegners, Überlaufen eines Verteidigers, Paß zu einem Mitspieler und dann Schneiden (Cut) zum Korb (auch »give-and-go« genannt).
Im folgenden werden diese taktischen Maßnahmen vorgestellt. Nach der Beschreibung der Angriffsmittel werden auch gleich Möglickeiten aufgezeigt, wie man dagegen verteidigen kann.
Durchziehen zum Korb durch **Umspielen** eines Gegners:
Willst Du rechts an einem Verteidiger vorbeiziehen, führst Du einen kleinen Schritt mit dem linken Bein nach links aus und bietest auch den Ball kurz nach links an. Reagiert der Verteidiger darauf, nimmst Du sofort den linken Fuß vom Boden und

setzt ihn vor Deinem Körper nach rechts auf. Gleichzeitig dribbelst Du schnell rechts am Verteidiger vorbei. Der Ball ist dadurch gut durch Deinen Körper abgeschirmt.
Gegen einen geübten Verteidiger kannst Du den ersten Schritt mit dem linken Bein auch nach vorn ausführen. Weicht der Verteidiger etwas zurück, nimmst Du das linken Bein in die Ausgangsstellung zurück und gehst sofort am Verteidiger vorbei, wenn er wieder an Dich herankommt.
Beim Durchziehen links beginnst Du mit einem Schritt des rechten Beines.
Überlaufen des Verteidigers:
Dieses an sich einfache Mittel kannst Du verwenden, wenn ein Mitspieler den Ball hat und Du relativ eng gedeckt wirst. Du läufst auf Deinen Verteidiger zu, täuschst eine Bewegung zum Ballbesitzer hin an und läufst dann mit einer überraschenden Richtungsänderung zum Korb, um angespielt werden zu können. Dabei ist es nicht erforderlich, daß Du

sehr schnell losläufst. Wichtiger ist, daß die Richtungsänderung schnell ausgeführt wird. Da der Verteidiger bei dieser Aktion rückwärts laufen muß, kannst Du Dir den entscheidenden Vorteil verschaffen. Wie kannst Du dieses Überlaufen verhindern, wenn Du Verteidiger bist?
Du weichst dann zwei Schritte zurück, wenn Du bemerkst, daß Dein Gegner auf Dich zukommt. Dies ist meist ein Zeichen dafür, daß er ohne Ball an Dir vorbei will. Dadurch, daß Du zurückweichst, kannst Du kaum noch überlaufen werden.

»Give-and-go«
Dieses Manöver (im Fußball würde man Doppelpaß dazu sagen) kannst Du versuchen, wenn Du zunächst im Ballbesitz bist, aber keine Möglichkeit siehst, Deinen Gegner zu umspielen. Du paßt zu einem Mitspieler (give) und schneidest entweder vor oder hinter Deinem Verteidiger zum Korb (go). Dies gelingt besser, wenn Du nach dem Paß eine

Lauftäuschung verwendest. Täuschst Du einen Lauf zum Ball an, kannst Du oft hinter dem Verteidiger zum Korb schneiden (der Verteidiger ist dann zwischen Dir und dem Ball). Täuschst Du entgegen der Paßrichtung an, gelingt es Dir oft, vor Deinem Gegenspieler zum Korb zu schneiden (dann hast Du den Verteidiger im Rüken).
Wie beim Überlaufen kommt es vor allem auf die plötzliche Richtungsänderung an. Zeige Deinem Mitspieler mit dem ausgestreckten Arm an, wohin Du den Ball haben willst, wenn Du am Gegner vorbei bist. Dadurch bemerkt Dein Partner auch, daß Du mit einem Paß rechnest.
Wie kannst Du als Verteidiger verhindern, daß Du durch »give-and-go« ausgespielt wirst?
Wenn Dein Gegner den Ball abgespielt hat, weichst Du sofort zwei Schritte zurück und etwas in Richtung Ball. Damit verhinderst Du, daß Dein Gegner zwischen Dir und dem neuen Ball-

besitzer durchschneiden kann. Durch das Zurückweichen hast Du auch den kürzeren Weg zum Korb. Der Ballbesitzer muß dann über Dich oder weit an Dir vorbeipassen. Meist ist dies nur als Bogen- oder Bodenpaß möglich. Dies gibt Dir die Zeit, Deinen Gegenspieler wieder anzugreifen.

Die beschriebenen taktischen Mittel ohne Partnerhilfe reichen bei höherem Können der Spieler bald nicht mehr aus, um erfolgreich zu sein. Jetzt braucht man im Angriff die Hilfe von Mitspielern (gruppentaktische Maßnahmen), um die Verteidigung zu überwinden. Aber auch die Verteidiger müssen zusammenarbeiten, wenn die Angreifer mit Partnerhilfe spielen.

Gruppentaktik bedeutet das gemeinsame Handeln von zwei oder drei Spielern. Sind im Angriff gerade nur zwei Spieler eines Teams an einer Aktion beteiligt, soll der dritte Spieler seinen Verteidiger binden oder ablenken und vom Ort des Geschehens fernhalten.

Bei den gruppentaktischen Maßnahmen handelt es sich im wesentlichen um Blocks und Schirme.

Bei einem **Block** stellt sich ein Angreifer dem Verteidiger eines Mitspielers so in den Weg, daß der Verteidiger ausweichen muß oder hängen bleibt, wenn er seinem Gegenspieler folgen will. Dadurch gewinnt der Angreifer einen kleinen Vorsprung, kann angespielt werden und dann werfen oder zum Korb ziehen. Wichtig ist, daß der Blocksteller den Verteidiger, den er sperren will, nicht berührt oder ihn wegdrückt, sondern ihm etwas Abstand (ca. 1 Meter) läßt. Läuft dann der Verteidiger auf den Blocksteller auf, ist dies kein Foul des Angreifers.

Der **Schirm** ist eine Sonderform des Blocks. Jetzt steht ein Angreifer zwischen dem Ballbesitzer und dessen Verteidiger. Dadurch kann der Ballbesitzer recht unbehindert werfen,

weil der Verteidiger durch den Schirm daran gehindert wird, einzugreifen. Gut gestellte Blocks sind nicht leicht abzuwehren, weil es eine Reihe unterschiedlicher Möglichkeiten des Blockstellens gibt, die nicht immer sofort zu erkennen

sind. Blocks können nämlich direkt oder indirekt gestellt werden.

Beim **direkten Block** wird der Ballbesitzer freigesperrt, beim **indirekten Block** (auch Gegenblock genannt) sperrt ein Angreifer einen Mitspieler frei, der nicht im Ballbesitz ist.

In dieser Bildreihe läuft der linke Angreifer auf den Verteidiger des rechts postierten Angreifers zu und stellt den Block. Der freigesperrte Spieler konnte angespielt werden.

Die Wirksamkeit eines solchen Blocks kann

noch verstärkt wer-
den, wenn der Spieler,
der freigesperrt wur-
de, zusätzlich eine
Täuschbewegung
entgegen der geplan-
ten Laufrichtung aus-
führt.
Wie kann man gegen
einen solchen Block
verteidigen?

Am einfachsten ist es, die Gegenspieler zu übernehmen (switch). Bei einem solchen »switch« übernimmt Verteidiger 1 den Gegenspieler von Verteidiger 2 und umgekehrt.

In dieser Bildreihe übernimmt der linke Verteidiger den zunächst rechts postierten Angreifer, wenn dieser aus dem Block kommt. Dessen ursprünglicher Verteidiger kümmert sich dann um den Blocksteller. Am günstigsten ist es, wenn der Verteidiger des Blockstellers »switch« ruft, wenn er erkennt, daß sein Partner hängenbleiben wird.

Das Übernehmen ist aber nicht ganz ungefährlich. Oft kann es vorkommen, daß es zu Mißverständnissen bei den Verteidigern kommt. Denn plötzlich sind dann zwei Verteidiger an einem Angreifer.

Zu einem anderen Problem kann der Größenunterschied werden. Muß nämlich ein kleiner Verteidiger einen großen Angreifer übernehmen, ist dieser im allgemeinen im Vorteil. Entscheidender ist aber, daß geübte Verteidiger auch eine gute Waffe gegen das Übernehmen haben.

81

Diese Maßnahme nennen wir **Block mit Abrollen** (pick and roll).
Abrollen heißt hier, daß sich der Blocksteller schnell aus dem Block löst und in Gegenrichtung weiterläuft.

Diese Bildreihe zeigt das Abrollen des linken Angreifers, nachdem er bemerkt hat, daß die Verteidiger übernehmen werden. Dadurch hat er seinen neuen Verteidiger im Rücken und ist näher am Korb als dieser.

In dieser Bildreihe ist er sogar völlig freigekommen. Außerdem sieht man sehr gut, daß er es jetzt mit einem kleineren Verteidiger zu tun gehabt hätte.

Wie kann man gegen Blocks mit Abrollen verteidigen?

Hier gibt es zweierlei Möglichkeiten: Bemerkt ein Verteidiger, daß an ihm ein Block gestellt werden soll, geht er ein bis zwei kleine Schritte nach vorn. Er weicht somit dem Block aus, noch bevor er gestellt werden kann.

Durch diese Aktion ist der Verteidiger vor dem Blocksteller. Der Block wird unwirksam, weil der Verteidiger viel Platz hat auszuweichen. Allerdings könnte der rechts postierte Angreifer hinter den anderen Spielern durch-

laufen. In diesem Fall hat der Verteidiger aber im allgemeinen Zeit genug einzugreifen, weil er zwischen Ball und Verteidiger ist.

Die beste Lösung der Abwehr gegen den Block ist, wenn es dem gesperrten Verteidiger gelingt, an seinem Gegenspieler zu bleiben. Er geht dann »über« den Block (over the top).

Diese Bildreihe zeigt
aber auch, daß dieses
Mitgehen oft schwie-
rig ist. Gelingt es,
dann kommt es zu
keinen Mißverständ-
nissen und Größen-
nachteilen bei den
Verteidigern.

Einige zusätzliche **Hinweise** zum **taktischen Handeln**.
Im Grunde geht es bei der Taktik im Streetball darum, die individuellen Möglichkeiten eines Spielers auszunutzen und zu verhindern, daß die andere Mannschaft das gleiche tut.

Hinweise für den **Angriff**: Zuerst sollte man versuchen, mit einfachen Mitteln zum Erfolg zu kommen. Je komplizierter man es macht, um so mehr Fehler kommen vor. Günstig ist es, wenn ein Angreifer zunächst ohne Ball in Korbnähe »aufpostet« (posting up), also eine Stellung mit dem Rücken zum Korb einnimmt. Wird dieser Spieler dann angespielt, ist er sehr korbgefährlich.

Sein Verteidiger kann ihn oft nur mit Fouls stoppen. Es muß also manchmal ein anderer Verteidiger von vorn aushelfen. Dadurch wird aber dessen Gegenspieler kurz frei.

- Werden Blocks verwendet, sind vor allem solche gut, die von hinten an einem Verteidiger gestellt werden. Der Verteidiger sieht diesen Block nicht und ist auf Zurufe seines Mitspielers angewiesen. Meist kann die Verteidigung solche Blocks im Rükken des Verteidigers nur durch Übernehmen bekämpfen.

- Man sollte bemüht sein, das Spiel weit auseinander zu ziehen. Dadurch erhalten die einzelnen Angreifer viel Platz für ihr individuelles Können. Es bleibt auch genug Raum für gruppentaktische Maßnahmen. Außerdem wird es der gegnerischen Mannschaft erschwert, auszuhelfen, wenn ein Verteidiger ausgespielt wurde.

Hinweise für die Verteidigung:

In der Verteidigung sollte man bemüht sein, die Räume in Korbnähe möglichst eng zu machen, damit die Angreifer nicht leicht zum Korb ziehen oder aus naher Distanz werfen können. Dies erreicht man dadurch, daß ein Verteidiger, dessen Gegenspieler weit vom Ball entfernt ist, in Richtung Korb absinkt. Dadurch wird es dort recht voll und es kann ausgeholfen werden, wenn ein Verteidiger umspielt wurde.

Ein Nachteil für die Verteidiger ist, daß sie meist auf die Aktionen der Angreifer reagieren müssen. Daher sollte man versuchen, dies umzudrehen und selbst zu agieren, damit die Angreifer ihre Absichten ändern müssen. Einige **Tips**, wie man das machen kann:

- Versuchen, den Angriff zur Seite zu lenken, z.B. dadurch, daß man den Dribbler in Richtung Seitenlinie abdrängt und einen Paß zur Mitte erschwert.

- Den Dribbler durch eine Overplay-Stellung dazu bringen, mit der schwächeren Hand zu dribbeln. Die meisten Spieler, die mit der schwächeren Hand dribbeln müssen, sichern erst den Ball nach dem Dribbling, bevor sie an einen Paß denken können.

- Einem zum Ball startenden Angreifer den Weg frühzeitig versperren. Muß der Angreifer einen kleinen Umweg machen, kann er den Ball nicht im für ihn günstigen Moment erhalten.

- Den Ballbesitzer sofort eng angreifen, wenn er schon gedribbelt hat oder sein Dribbling gerade beendet.

- Stellung zwischen Ball und Angreifer, wenn dieser ohne Ball in Korbnähe ist.

- Herausblocken des Gegenspielers, wenn der Ball auf den Korb geworfen wird.

- Auf Blocks achten und sie auch ansagen, wenn sie an einem Mitspieler gestellt werden sollen. Ein Verteidiger, der zu spät bemerkt, daß ein Block an ihm gestellt wird, ist in seinen Möglichkeiten stark eingeschränkt.

Bei diesen Hinweisen wird deutlich, daß die Qualität der ganzen Verteidigung von den individuellen Fertigkeiten und

Fähigkeiten der Verteidiger abhängt. Die Abwehrarbeit eines Teams ist letztlich nicht besser als die Verteidigung jedes einzelnen Spielers.

Klappt es in Angriff oder Verteidigung manchmal nicht so ganz, so bleibt immer noch der Trost, daß immer ein neuer Tag und ein neues Spiel kommt. Außerdem geht es vor allem um den Spaß. Mit sich zufrieden kann man auch sein, wenn man nicht gewonnen hat, dafür aber ein paar Sachen schon ganz gut hingekriegt hat und bemerkt, daß es den anderen Spielern auch gefallen hat.

90

Das eigene Streetball-Turnier

Wollen sich Spieler mit anderen messen und dabei die Atmosphäre eines Turniers erleben, können sie dies in verschiedener Weise tun. Sie können an einem der bereits bestehenden Turniere teilnehmen. Sie können aber auch mit Gleichgesinnten ein eigenes Turnier »organisieren« und durchführen.

Bereits bestehende Turniere gibt es reichlich. So ist beispielsweise die »adidas Streetball Challenge German Tour« eine Veranstaltungsserie, die monatelang im voraus geplant wird. Viele Mitarbeiter in ganz Deutschland sind über ein dreiviertel Jahr nur mit dieser Tournee beschäftigt. Dazu zählen Techniker ebenso wie PR-Fachleute oder Profis aus den Bereichen Marketing und Verkauf.

Im Zuge der »adidas Streetball Challenge« stiegen das Interesse und die Nachfrage, kleinere Turniere zu organisieren. Gespielt wurde auf Parkplätzen, Schulhöfen und Sportanlagen oder in Fußgängerzonen. Veranstaltet wurden diese Events von Städten, Sportvereinen sowie Jugendzentren, den Medien oder von Privatpersonen. Auch als es im September 1993 um die Vergabe der Olympischen Sommerspiele 2000 ging, war Streetball auf der Olympia-Party in Berlin dabei. Vier Körbe waren vor dem Brandenburger Tor aufgestellt, um Streetball zu spielen.

Kaum im Rampenlicht stehen dagegen die Mini-Challenges. An jedem Wochenende treffen sich Streetballer zu Turnieren auf Freiplätzen. Ungezwungen kommen zumeist Teams aus der Nachbarschaft zusammen. Kein Gewinn lockt, kein Reporter bittet um ein Interview. Die pure Freude am Spiel ist die wichtigste Motivation.

Um ein Streetball-Turnier zu organisieren, sollte zunächst ein Freiplatz zur Verfügung stehen. Weil Korbanlagen in bundesdeutschen Städten allerdings eine Rarität sind, sollte man einfach einmal die für Sport zuständigen Stellen der jeweiligen Stadt anrufen. In Berlin existieren bereits einige mobile Streetball-Teams, die mit Bällen und Korbanlagen ausgerüstet, in den Stadtbezirken im Einsatz sind.

Ganz wichtig: Soll auf einem öffentlichen Platz und nicht auf einem Freiplatz gespielt werden, muß man zunächst bei der Stadt um eine Nutzungsgenehmigung nachfragen. Außerdem sind Lärmschutz- und Umweltschutzbestimmungen zu beachten.

Am Veranstaltungstag sollte es auf jeden Fall eine Turnierleitung geben. Deren Hauptaufgaben sind zum Beispiel die Einteilung in Divisionen bzw. »Spielklassen« (Kriterien sind Alter, Geschlecht, Spielstärke) sowie der Resultatsservice. Unter Umständen muß die Turnierleitung auch als letzte Instanz bei Streitigkeiten dienen. Offizielle Regeln gibt es beim Streetball zwar nicht, doch der Deutsche Basketball-Bund und adidas Deutschland können auf Anfrage einen Leitfaden mit den wichtigsten Informationen zur Verfügung stellen.

Wen spreche ich für die Durchführung eines Streetball-Turnieres an?

Platz, Korbanlagen und Genehmigungen: Städte und Gemeinden,

Leitfaden zu Regeln und weitere Informationen: Deutscher Basketball-Bund, 58007 Hagen, Postfach, und adidas Deutschland; Public Relations und Presse: 91072 Herzogenaurach, Postfach. Informationen sind auch im Sportfachhandel erhältlich.

Einige Anregungen, die für die Organisation und Durchführung eines eigenen Streetball-Turniers hilfreich sind:

● »Spielklassen« nach dem Alter oder der Spielstärke einteilen (etwa Anfänger, Fortgeschrittene, »Könner«). Diese Einteilung ist nützlich, damit die Spiele nicht schon von vornherein entschieden sind und damit langweilig werden.

● Sich über die Regeln verständigen, nach denen gespielt werden soll. Hierzu kann man im Kapitel »Streetball-Voraussetzungen« Hinweise finden. Natürlich kann man die Regeln nach Bedarf etwas verändern. Sie haben sich aber bestens bewährt. Die Foulregel sollte man allerdings nicht »aufweichen«.

● Jedes Team sollte einen »Kapitän« haben, der für die »Turnierleitung« als Ansprecher gilt und umgekehrt.

● Günstig ist es auch, einen oder mehrere Courtbeobachter bereitzustellen. Sie können bei Unklarheiten helfen und in Streitfällen schlichten.

● Die Spielzeit festlegen bzw. die Punktzahl, die erreicht sein soll, bevor das Spiel endet. Die Spielzeit sollte mindestens 10 Minuten betragen, höchstens 20. Bei Unentschieden wird das Spiel fortgesetzt: Wer den nächsten Punkt erreicht, hat gewonnen. Wenn eine Punktzahl festgelegt wird, so hat sich das Spiel auf 16 Punkte als günstig erwiesen. Man kann aber auch auf kleinere Punktzahlen spielen, z.B. auf 10 Punkte. Dann kann man als zusätzliche Regel bestimmen, daß man zwei Punkte Vorsprung benötigt, um zu gewinnen (z.B. 10 : 8 oder 11 : 9 usw.).

● Den Ballbesitz vor jedem Spiel entweder auslosen oder »ausschießen«. Beim Ausschießen wirft abwechselnd ein Spieler der beiden beteiligten Mannschaften aus einer vorher bestimmten Entfernung. Wer zuerst trifft, beginnt das Spiel.

● Jeder teilnehmenden Mannschaft sollten mehrere Spiele garantiert werden. Dies kann man so erreichen:

● Man kann in Gruppen jeder gegen jeden spielen. Die Gruppenersten kommen weiter.

Oder man kann mit einem doppelten K.o.-System spielen. Dies bedeutet, daß eine Mannschaft erst aus der Hauptrunde ausscheidet, wenn sie zwei Spiele verloren hat. Zusätzlich sollte man »Trostrunden« vorsehen, damit die ausgeschiedenen Mannschaften noch weitere Spiele haben. Ergänzend zu den Turnierspielen kann man zusätzliche Wettbewerbe elnbringen, beispielsweise Dunking-Wettbewerbe und Freiwurfturniere. Bei den Freiwurfturnieren: Wer trifft die meisten Würfe aus 10; oder wer trifft die meisten Würfe hintereinander. Dem Einfallsreichtum ist bei diesen ergänzenden Wettbewerben keine Grenze gesetzt.

Action &Fun

Jan Andrejtschitsch / Raimund Kallée / Petra Schmidt
Skateboarding Know-how
Besser Skateboarden durch fundiertes Wissen über Geschichte, Ausrüstung und Terrain sowie die wichtigsten Techniken und Tricks der Disziplinen, Streetstyle, Freestyle und Halfpipe.

Christof Weiß
Snowboarding Know-how
Entwicklungsgeschichte, Material, Einsatzbereiche (Alpin, Freestyle, Freeriding) und Techniken des Snowboarding mit vielen eindrucksvollen Farbfotos.

Martin Engelhardt
Triathlon Know-how
Praxisbuch mit fundierten Anleitungen für alle Ausdauersportler: Techniktraining zur Effektivitätsverbesserung, Trainingsmethoden mit praktischen Beispielen, Wettkämpfe für Anfänger, Veranstaltungen im In- und Ausland und vieles mehr.

Rudi Marquart / Hanno Thallmair
Tauch Know-how
Ausrüstung, Technik, Praxis
Planung, Vorbereitung und Durchführung von Tauchgängen: physikalische Gesetzmäßigkeiten, Geräte- und Ausrüstungstechnik, Sicherheit, spezielle Anforderungen – z.B. beim Nachttauchen, Wracktauchen, Eistauchen.

Robert van der Plas
Mountain-Bike Know-how
Praxisorientierter Ratgeber über Auswahl, Technik, Wartung, Pflege und Einsatz des Mountain-Bike – mit Reparaturanleitungen.

Nancy Clark
Fit for Sports
Der Energie-Ratgeber für sportlich Aktive
Aktiver leben und im Sport erfolgreich sein durch richtige Ernährung: Programme für die Trainingsphasen und zur Gewichtskontrolle, 103 Rezepte für Gesundheit und Fitneß.

Sports LIVE

Hannes Neumann
Richtig Basketballspielen
Spielfeld, Spielgerät, Ausrüstung, Spielregeln, Technik, Taktik, Trainingsgestaltung, Trainingsbeispiele.

Norbert Auste
Mit Ausdauertraining durchs Jahr
100 Programme für Fitneßbewußte
Gesund, fit und leistungsfähig durch Schwimmen, Laufen, Radfahren und Wandern; Trainingsprogramme, Gymnastikübungen, Entspannungstechniken.

Maxine Tobias/John Patrick Sullivan
Stretching für Körper, Geist und Seele
In einzigartiger visueller Umsetzung: Übungen, die den Körper in Form bringen, Streß abbauen, entspannen, die Atmung verbessern und positiv wirken auf Psyche und Lebensqualität.

Manfred Grosser/Helmut Müller
Power Stretch
Das neue Muskeltraining
Zur Steigerung der Leistungsfähigkeit und des Wohlbefindens: leicht verständliche Erklärung der Grundlagen und Trainingsmethoden zur komplexen, funktionellen Muskelausbildung.

Franz Wöllzenmüller
Richtig Jogging
Entspannung und Freude durch den beliebten Ausdauersport: Ausrüstung, Lauftechnik, Trainingsformen für Anfänger und Fortgeschrittene, Verletzungen, Rennen laufen.